HARVARD PSYCHOLOGY

성공이 보이는 심리학

오직 하버드에서만 가르쳐주는 삶의 지혜와 성공 노하우

성공이 보이는 심리학

리잉 지음 ┃ 고보혜 옮김

이터

성공한 이들의
마음 상태를 본받아라

하버드 대학교에는 다음과 같은 명언이 있다.

"사람은 자신의 고향을 선택할 수 없지만, 당신은 마음의 고향을 선택할 수 있다."

하버드 대학교 심리학과 교수인 윌리엄 제임스 역시 이렇게 말했다.

"당신이 결과를 염두에 두기만 하면 결국 얻게 될 것이다. 부유한 것을 생각하면 부유해질 것이고, 박식하길 원하면 박식해질 것이며, 좋은 사람이 되고자 한다면 좋은 사람이 될 것이다. 당신은 진심으로 그 일을 바라기만 하면 된다."

수천 명에 이르는 하버드인 역시 그들이 몸소 체험한 대로 이렇게 이야기한다.

"완벽한 마음을 가지면 완벽한 인생을 갖게 될 것이다."

하버드 대학교에는 '미국 심리학의 아버지'라 불리는 윌리엄 제임스,

'가장 사랑받는 스승'인 탈 벤 샤하르 등 세계에서 가장 우수한 심리학자들이 모여 있다. 이러한 심리학 명사들의 지도는 하버드 학생들의 마음에 풍부한 영양분을 공급해주어 세계적으로 이름을 알리는 엘리트로 탄생시켰다. 하버드 대학교는 여덟 명의 미국 대통령을 비롯하여 수많은 과학자, 사상가, 기업가들을 배출하였으며 그들의 영향력은 세계 곳곳에 미치고 있다.

누구나 성공을 바란다. 누구나 자신의 영향력을 높여 인생의 가치를 실현하고자 한다. 때문에 우리는 하버드를 이해해야 하고, 하버드인이 걸은 성공의 길에서 심리적 요인이 얼마나 중요한 위치를 차지했는지 이해해야 한다. 하버드 대학교 심리학과 교수인 다니엘 길버트는 이렇게 말했다.

"당신이 좋은 운명을 기대하든 나쁜 운명을 기대하든, 마지막 결과는 당신이 기대한 대로 된다는 사실을 증명할 것이다."

이러한 결과는 사람의 심리적 요인과 밀접한 관계가 있다. 하버드인들이 세계에 이름을 높일 수 있었던 이유는 그들의 심리 상태 때문이다. 모든 성공한 사람은 남몰래 땀을 흘렸거나 고통을 이겨냈거나 쉬지 않고 노력했거나 독특한 견해가 있거나 사람들과 잘 어울리는 기술이 있었다. 특히 젊은 나이에 유명인의 반열에 올라선 하버드인들은 더더욱 힘들게 노력하여 젊은이들의 모범이 되고 있다.

하버드인의 성공은 지혜를 갈망하는 눈빛을 빛나게 한다. 누구나 하버드인의 마법 같은 힘이 도대체 어디에서 나오는지 궁금해한다. 어째서 설상가상의 어려운 일도 하버드인의 손에만 들어가면 쉽고 조용히 해결되는가? 어째서 아무런 희망도 없던 일이 하버드인의 손에만 들어가면 해결되고 놀랄 만한 성과를 가져오는가? 어째서 금융 위기가 전 세계에 휘몰아칠 때에도 하버드인은 위기 속의 기회를 볼 수 있는가? 어째서 수많은 창업자들 가운데 하버드인만 유독 큰 성공을 이룰 수 있는가? 이러한 의문과 믿기 힘든 성과는 성공을 갈망하는 사람들에게 궁금증을 자아낸다.

사람은 모두 다르지만 하버드인의 성공 비법은 누구라도 따라 할 수 있다. 누구에게나 무한한 가능성이 있다. 하버드인이 성공할 수 있었던 내적 요인을 파악하기만 한다면, 성공에 필요한 심리적 요인을 갖추기만 한다면 누구나 성공의 비밀번호를 풀 수 있고 자신의 꿈이 생각보다 멀리 있지 않다고 믿게 될 것이다.

만약 EQ, 스트레스 관리 능력, 감정 조절 능력, 사교성을 끌어올리고 싶다면, 하버드 엘리트들이 지닌 심리적 자질을 본받고 싶다면 이 책을 펼쳐라. 하버드인과 함께 '심리학'의 성대한 연회를 즐기며, 진취적이고 강한 마음에 가장 순수하고 가장 힘 있는 긍정의 에너지를 불어넣을 수 있을 것이다.

chapter
one

성공 심리학

하버드인의 발자취를
따라가면
성공이 보인다

사람들은 누구나 성공의 길을 찾고, 성공하는 방법을 알고 싶어 한다.
하버드인의 성공에는 특유의 호소력이 있다.
그들의 발자취를 따라 어떻게 성공을 이루었는지 살펴보자.

자신감과
자만심은 다르다

● 명석한 두뇌를 타고나는 것은 분명 좋은 일이다. 하지만 그 재능을 제대로 활용하지 못하고 머리만 믿은 채 다른 사람을 무시하거나 잔머리를 쓰는 데에만 그친다면 어떻게 될까? 이성을 가지고 자신과 주변 환경을 전면적이고 객관적으로 인식하지 못하면 자기 꾀에 자기가 넘어가 스스로 무덤을 파게 된다. 이런 사람들은 당연히 다른 이들에게 신뢰를 얻지 못해 종종 중요한 자리에 오를 기회를 놓치고 만다. 하버드인들은 이런 오류를 범하지 않고 성공한다는 점에 주목할 만하다. 그들은 종합적인 사고 능력을 갖추고, 자신감과 자존감을 적절하게 유지해 직장생활을 하는 동안 지속 가능한 발전을 이룬다.

헤리 씨는 미국의 한 투자회사의 입사 3년차 직원이다. 그녀의 남다른 사업 기획 능력과 관리 능력 덕분에 회사의 성과는 연이어 배로 뛰었다. 이렇게 출중한 능력의 소유자들은 대부분 탄탄한 승진 가도를 달리기 마련이다. 하지만 그녀는 그러지 못했다.

혜리 씨는 한 번의 투자로 회사에 수백만 달러의 이윤을 남겨 여러 직원들 앞에서 사장의 칭찬을 받았다. 그날 이후 그녀는 득의양양하게 동료들을 내려다보며 우쭐거렸다. 회사 사람들보다 자신이 한 수 위라고 생각했고, 심지어 회장이나 사장조차도 무시하며 안하무인으로 행동했다.

하루는 회의 시간에 한 직원과 사장이 의견 차이를 보이는 것을 보고 회장이 사장에게 한마디 했다. 그러자 혜리 씨가 갑자기 나서서 큰소리로 반박했다.

"회장님이 뭘 아세요? 아무것도 모르시면서!"

모두들 놀라 입을 다물지 못했다. 회장은 몹시 언짢아했고, 그 자리에 있던 동료들도 난처해했다. 이 일로 혜리 씨를 안 좋게 생각하게 된 회장은 얼마 후 인사 팀장을 통해 그녀에게 이 회사에서 계속 일하고 싶다면 규칙을 따르고 상사를 존중하는 태도를 보여야 할 것이며, 그러지 않는다면 짐을 싸야 할 것이라고 경고했다. 이에 발끈한 혜리 씨는 충동적으로 회사를 그만두었다.

회사를 그만둔 후 혜리 씨는 이곳저곳을 여행했다. 유명한 산과 강도 둘러보고, 폭우에 흠뻑 젖는 날도 있었으며, 이동 수단이 고장 나 꼼짝 못 하는 날도 있었다. 그러던 중 깊은 산간 지역에 있는 다 쓰러져가는 교실에서 낡은 책상과 의자, 형편없는 필기구를 쓰면서 공부에 매진하는 아이들을 보게 되었다. 그 아이들은 산골에서 벗어나기 위해 배움을 갈망하며 눈을 빛내고 있었다. 그 순간 혜리 씨는 자신이 충동적으로 사표를 던진 일이 얼마나 이성적이지 못하고 경솔한 행동이었는지 깨달았다. 그녀는 다시 직장으로 돌아가 부딪혀보기로 결심했다. 하지만 직장을 떠난 지 4년 가까이 된 그녀가 다시 일자리를 구하려고 했을 때에는 번번이 고배를 마셔야 했다. 한때 기세등등했던 그녀는 추풍낙엽처럼 '보잘것없는 신세'가 되어버렸다. 그녀는 자신이 이미 도태되었다고 느꼈다.

괴로워하던 혜리 씨는 다시 진정한 자신을 찾기로 결심하고는 책을 펼쳐 열심히 공부하기 시작했다. 그리고 일 년 넘게 공부에 매진한 끝에 마침내 하버드 대학원에 입학했다.

아름다운 하버드 교정에 선 그녀는 주위를 둘러보며 찬란한 미소를 지었다. 주변 사람들이 축하 인사를 건넸을 때 그녀는 이렇게 말했다.

"예전의 나는 이기적이고 오만했어. 종합적인 사고 능력도 부족했고, '눈 가리고 아웅' 할 때도 많았지. 그래서 사람들에게 인정받지 못했고, 심지어 동료들과 대립하는 상황까지 가기도 했어. 하지만 지금의 난 내면적으로 부족한 점을 고쳤고, 종합적인 사고 능력도 키웠어. 이제 나는 하버드에서 성공의 꿈을 이룰 거야."

우리 주변에도 성격에 문제 있는 사람이 많으며, 그중에는 성공한 사람들도 많다. 그들은 똑똑하고 능력도 있지만, 자신이 잘났다고 여기며 우쭐거린다. 사업이 순조롭게 풀리면 더욱 독선적인 성격이 되어 불리한 요인은 외면하고, 아랫사람의 의견이나 건의 따위는 무시한다. 그렇게 주변 사람들을 함부로 대하다 결국 모두가 떠나면서 지지 기반을 잃고 만다.

심리학의 관점에서 봤을 때 큰 성공을 거둔 후에도 평상심을 유지할 필요가 있다.

첫째, 성공은 모두가 함께 노력하고 여러 방면에서 도움을 받아 이룬 것이므로 자신에게 공을 돌려서는 안 된다는 사실을 깨달아야 한다.

둘째, 자신의 능력이 아무리 뛰어나도 부족한 면은 있기 마련이라는 사실을 잊지 말아야 한다. 겸손하게 자신을 낮추고 다른 사람을 존중해야 사람들에게 인정받을 수 있다.

셋째, 어떤 상황에 부딪혔을 때 진지하게 임하면서 냉정하게 분석해야 한다. 그 속에 내재된 기회와 유리한 면뿐만 아니라 치열한 경쟁과 현실적인 위기도 함께 봐야 한다는 의미다. 맹목적인 낙관은 금물이다.

넷째, 사람들을 평등하게 대하고 조화로운 업무 환경을 구축해야 한다. 그래야만 그릇된 심리를 피하고, 다른 사람들의 적극성과 창의성을 유발하여 사업에서 더 큰 발전을 이룰 수 있다.

심리학자들은 "벼는 익을수록 고개를 숙인다"고 강조한다. 좋은 성과를 거두었다고 자신을 과대평가하고 잔머리를 굴린다면 직장생활에 재난을 불러일으켜 몇 년간 쏟은 노력이 물거품이 되고 말 것이다. 성공하기 위해서는 성숙한 사회인으로서 적절한 마음가짐을 가지는 것은 물론, 자신을 정확하게 바라보고 자신의 위치를 분명하게 파악하는 것이 중요하다. 그래야 물 만난 고기처럼 자유롭게 성공의 길을 달릴 수 있다.

성공이든 실패든
마음먹기에 달렸다

● 우리는 평소 주변에서 불평을 늘어놓는 사람을 어렵지 않게 만난다. 부잣집에서 태어나지 못했다, 사회가 불공평하다, 인재를 알아보는 눈이 없다 등 원망의 대상도 각양각색이다. 불공평한 대우를 받았다고 학교, 사회, 일, 상사에 대해 불만을 품기도 한다. 불평 때문에 나태해지고, 불평 때문에 타인이 잘되는 것을 못마땅하게 생각한다. 그래서인지 공부도, 일도, 생활도 모두 스스로 내뱉은 불평처럼 뜻대로 되지 않는다.

아주 오래전 이런 이야기를 읽은 적이 있다.

자신이 세상에서 가장 불행하다고 생각하는 한 소년이 있었다. 그 소년의 치아는 삐뚤빼뚤한 데다 앞으로 돌출되어 있었고, 어릴 적 소아마비를 앓은 탓에 불편한 다리를 절뚝거리며 걸을 수밖에 없었다. 때문에 수업 시간에 선생님이 질문을 할 때면 고개를 푹 숙인 채 아무 말도 하지 않기 일쑤였고, 친구들과 놀거나 떠드는 일도 드물었다.

따사로운 햇살이 비추던 어느 봄날, 이 소년의 아버지가 시장에서 나무 몇 그루를 사가지고 왔다. 아버지는 아이들을 불러 옆에 앉히고는 이렇게 말했다.

"이 어린 묘목이 보이느냐? 한 사람 앞에 딱 한 그루씩 돌아가겠구나. 이 묘목을 자기 방 앞에 심거라. 누구의 나무가 더 잘 자라는지 보자꾸나. 나무를 제일 잘 기른 사람에게 갖고 싶어 하는 선물을 주마."

형제들이 폴짝폴짝 뛰며 서둘러 나무에 물을 주는 것을 보며 선물이 갖고 싶어진 소년은 정성껏 나무를 심었다. 그런데 어찌 된 영문인지 마음속에서 차갑고 우울한 생각이 싹트기 시작했다.

'내가 심은 나무가 빨리 죽어버렸으면 좋겠어.'

소년은 한두 번 물을 주고 나서 다시는 나무를 돌보지 않았다.

며칠이 지난 후 소년은 그 나무가 죽었는지 궁금해졌다. 그런데 놀랍게도 어린 묘목은 죽지도 않고 오히려 파릇한 싹을 틔운 것이 아닌가! 형제들이 심은 나무보다도 훨씬 푸르고 생기 있었다. 아버지는 약속대로 소년이 가장 갖고 싶어 하던 선물을 사주었다. 그리고 묘목을 잘 키운 것을 칭찬하며 이렇게 하면 나중에 꼭 훌륭한 식물학자가 될 것이라고 격려해주었다. 그날 이후 소년은 조금씩 낙관적으로 변하기 시작했다.

어느 날 저녁, 창밖의 밝은 달빛이 소년의 침대를 비추었다. 이쪽저쪽 달빛을 피해 뒤척여보았지만 쉽게 잠들 수 없었다. 그러다가 갑자기 식물은 보통 밤에 자란다고 한 생물 선생님의 말씀이 떠올랐다. 자신이 심은 나무가 보고 싶어진 소년은 살금살금 정원으로 나가보았다. 그런데 뜻밖에도 아버지가 나무에 물을 주고 있는 것이 아닌가! 바로 자신이 심은 그 나무에. 소년은 아버지가 몰래 자신이 심은 나무를 돌보고 있었다는 사실을 알게 되었다. 방으로 돌아온 소년은 흐르는 눈물을 멈출 수 없었다.

그 후 소년은 불공평한 운명에 대해 불평하지 않았다. 수십 년이 지난 후 그 절름발이 소년은 하버드 대학에 입학해 정치학, 역사학, 신문방송학을 공부했다. 그리고 이 소년은 식물학자가 아닌 미국의 대통령이 되었다. 그가 바로 미국 역사상 유일하게 4선에 성공한 32대 대통령 프랭클린 루스벨트다.

프랭클린에게는 한 가지 특별한 습관이 있었다. 잠들기 전 하루 동안 있었던 모든 일을 돌아보는 것이었다. 시간이 흐르면서 그는 자신에게 열세 가지 심각한 잘못이 있다는 것을 알게 되었다. 특히 시간을 낭비하고, 사소한 일에 화를 내고, 다른 사람과 언쟁을 벌이며 충돌하는 등의 세 가지가 가장 심각하다고 판단했다. 현명한 프랭클린은 이러한 점들을 고치지 않으면 어떠한 성공도 이룰 수 없을 것이라고 생각했다.

프랭클린은 일주일에 한 가지씩 단점을 골라 고치고, 그 과정을 매일 기록했다. 그다음 주가 되면 또 다른 나쁜 습관을 골라 또다시 전쟁을 시작했다. 프랭클린은 일주일에 한 가지씩 단점을 고치는 전쟁을 2년 넘게 지속했다. 미국 역사상 가장 사랑받고 가장 영향력 있는 사람 중 한 명이 되는 일은 결코 저절로 이루어지지 않았다.

인생은 한 판의 바둑과 같다. 사람은 살면서 늘 장해물에 부딪힌다. 불리한 국면에서 원망만 하면서 시간을 보낼지, 아니면 최선을 다해 장해물을 뛰어넘어 역전승에 성공할지 스스로 잘 선택하기 바란다.

누군가 "마음이 운명을 결정한다"고 했다. 성공심리학에서도 "한 사람의 성공 여부는 그의 마음가짐에 달려 있다"고 말한다. 성공하는 사람은 긍정적으로, 실패하는 사람은 부정적으로 인생을 대한다. 이것이 바로 성공하는 사람과 실패하는 사람의 가장 큰 차이점이다. 다른 노력이 다른 결과를 가져오듯 다른 마음가짐이 다른 인생을 결정한다.

성공을 향해 가는 길에서 불평하지 않고 즐겁게 일한다면 더욱 노력하게 될 것이다. 더욱 노력하다 보면 얻을 수 있는 기회와 보상은 그만큼 많아진다. 기회와 보상이 많아지면 마음속에 품었던 목표는 더욱 가까워질 것이다. 그러다 보면 성공은 이제 손을 뻗으면 닿을 수 있는 곳까지 가까워진다.

끊임없이 목표를 세우고 추구하라

● 성공을 거둔 사람들은 모두 강한 정신력을 지니고 있다. 성공한 사람과 평범한 사람을 비교해보면 사실 그 재능에는 큰 차이가 없다. 다만 성공을 추구하는 길에서 나타나는 심리 상태가 완전히 다를 뿐이다. 성공한 사람은 확실한 목표를 가지고 한번 마음먹은 일은 끝까지 해내는 인내심을 바탕으로 자신의 목표를 실현한다. 하지만 평범한 사람은 삶을 그저 흘러가는 대로 내버려둔다.

평범한 사람은 생활 태도가 산만하고 어떠한 목표도 없으며, 일할 나이가 되면 내키는 대로 일자리를 찾고 결혼할 때가 되면 결혼을 하면서 아무런 목적 없이 일상을 보낸다. 꿈이나 진취적인 태도 같은 것은 전혀 찾아볼 수 없으며, 감나무 아래에서 감이 떨어지기만을 기다리듯 막연히 자신이 바라는 대로 이루어지기를 바란다.

딕의 성장 과정은 어느 누구보다도 어려웠다. 하지만 그의 생활 태도는 평범한 사람과 달랐다.

딕 아마존은 어릴 적 부모님을 모두 여의고 고아원에서 자랐다. 운영이 어려웠던 고아원에서는 간단한 식사마저도 그 양이 턱없이 부족할 때가 많았다. 딕과 아이들은 언제나 굶주려야 했다. 하지만 그는 주린 배를 움켜쥐면서도 아침부터 저녁까지 고아원에서 일을 했다.

당시 딕의 가장 큰 꿈은 학교에 가는 것이었다. 어린 딕은 매우 똑똑했다. 그를 본 사람은 누구든지 딕을 신동이라고 생각했을 정도였다. 고등학교를 졸업한 후에는 사회로 나가 스스로 생활해야 했다. 사회에 진출한 딕은 한 신발작업장에서 10년 동안 일했다. 시간이 흐르면서 규모가 커진 작업장은 신발공장이 되었고, 그는 노조에 가입하게 되었다. 딕과 근로자들의 월급은 늘어났고, 근로 시간은 줄어들었다.

딕이 그즈음 인생의 반려자를 만난 것은 행운이었다. 그의 아내 존스는 딕이 자신의 꿈을 실현하도록 돕고 싶어 했다. 하지만 모든 일이 다 뜻대로 되지는 않았다. 결혼한 지 얼마 지나지 않아 신발공장은 금융 위기의 영향으로 자금 회전이 어려워지면서 근로자를 감축할 수밖에 없었다. 이 젊은 부부는 어쩔 수 없이 낯선 세계로 뛰어들었다.

그들은 어떻게 해서든 자금을 모으기로 했다. 존스는 가지고 있던 금목걸이와 결혼반지까지 팔면서 마침내 노스캐롤라이나 주에 아마존물류회사를 세웠다. 사업은 아주 잘되어 얼마 지나지 않아 곧 이윤을 내기 시작했다. 이때 존스는 딕에게 어릴 적 꿈이었던 대학에 진학할 것을 권했다. 부단한 노력 끝에 그는 서른다섯의 나이에 하버드 대학교 학위를 받을 수 있었다. 이것은 그의 인생에서 첫 번째 이정표가 되었다.

딕은 그 후에도 다른 일을 하지 않고 아내가 물류업을 계속할 수 있도록 도왔다. 그들은 시내에 새 집을 마련할 목표를 세웠고, 2년 후 그 꿈을 이루었다. 시내에 자신들의 명의로 된 집을 갖게 된 것이었다.

형편이 점점 좋아졌으니 딕 부부는 이제 여유로운 생활을 즐겼을까? 그렇지 않았다! 그들은 아이들의 교육 자금을 마련하기 위해 집을 다른 사람에게 임대하기로 했다. 목표를 실현하기 위해 딕과 아내는 한마음으로 노력했고, 마침내 아이들의 대학 자금까지 모두 마련했다.

현재 딕 부부가 실현하고자 하는 목표는 노후 자금을 마련하는 것이다. 예전과 다른 점은 딕이 혼자서 사업을 하고, 존스는 집안일만 돌본다는 점이다. 딕 부부의 생활은 바쁘고도 행복하며 성공적이다.

심리학자들은 "성공의 목표는 영원히 앞에 있으므로 앞을 보며 끊임없이 나아가야 한다"고 말한다. 딕 아마존은 어려운 환경 속에서도 되는 대로 시간만 때우며 살지 않았다. 그는 삶의 목표가 확실한 사람이었다. 그는 언제나 기회를 노리고 있다가 기회가 나타나면 반드시 잡아 더 많은 수확을 얻었다.

어느 심리학자는 이렇게 말했다.

"저는 제 삶에 영원히 만족하지 않기를 바랍니다. 앞을 향한 발걸음을 멈추고 싶지 않아요. 저는 매년 한 가지 목표를 세우고 열심히 노력했습니다. 처음에는 제가 공부하는 과목, 그다음은 좋은 대학에서 학위를 받는 것, 그다음은 제게 맞는 일을 찾는 것이었죠. 지금 저의 목표는 제 사업을 잘 운영하는 것입니다. 만약 어느 날 제가 자신에 대해 만족한다면 저의 인생은 끝난 것이겠죠."

인생의 목표와 장기적인 인생 계획을 세워야 한다면 3년에서 5년 정도의 기간을 두는 것이 바람직하다. 이 정도 시간이 목표를 관리하고 실현하기에 적합하다. 예를 들어 이런 계획을 세울 수 있다. '3년 안에 학사 학위 받기', 그 후 '대학원 입시 준비', 또는 '5년 안에 관리직으로 승진하기' 등.

사람은 무슨 일을 하든 항상 목표를 세워야 앞으로 나아갈 원동력이 생긴다. 한 가지 목표를 이룬 후에는 곧바로 새로운 목표를 정해야 한다. 인생의 의미는 끊임없이 새로운 목표를 세우고 추구하는 데 있다. 이것이 바로 성공의 비결이다.

강인한 정신력이야말로
하버드 정신이다

● 누구나 멋진 이상을 꿈꾼다. 그리고 이상을 향해 꾸준히 노력하는 사람은 실제로 생각지 못한 성공을 거두기도 한다. 이것은 사람의 심리 상태와 깊은 관계가 있다. 사람들은 이 점을 깨닫고 참고할 만한 사례를 찾기 시작했다. 그리고 그 관심은 자연스럽게 하버드에 쏠렸다. 하버드인의 성공 비결은 '선 심리적 양성, 후 지식의 습득'을 중시하는 훈련 방식에 있다. 이러한 훈련 방식은 하버드인에게 강한 의지를 심어줬고, 성공을 거두는 데 튼튼한 기초를 마련해주었다.

"높이 날고 싶은 충동을 느꼈다면 다시는 땅에서 기는 것에 만족할 수 없을 것이다."

이는 하버드 대학교 부속 여자대학교였던 레드클리프 대학을 졸업한 헬렌 켈러가 한 말이다. 생생하게 와 닿는 이 말에는 심오한 철학이 담겨 있다.

헬렌 켈러는 장애를 딛고 일어선 미국의 교육가다. 그녀는 생후 19개월 때 성홍열에 의한 고열로 두 눈을 실명하고 청각까지 잃고 말았다. 그런데 가정교사였던 앤 설리번이 인내심을 가지고 그녀를 지도한 덕분에 헬렌 켈러는 말하는 법을 배우고 다른 사람과도 교류를 시도할 수 있었다. 그녀는 평생 십여 편의 문학 작품을 출판하였으며, 자선사업에도 힘을 쏟았다. 헬렌 켈러는 굳은 의지와 인류에 대한 공헌으로 전 세계를 감동시켰다.

헬렌 켈러가 이렇게 위대한 성공을 거둘 수 있었던 것은 강한 의지와 원대한 꿈이 있었기 때문이다. '원대한 꿈'을 심리학에서는 '바람'으로 해석한다. '바람'은 곧 희망을 가지고 어떠한 목적을 이루려는 생각이며, 이것이 바로 우리가 말하는 이상이다. 이상이 있으면 이루고자 하는 목표가 생긴다. 목표를 향해 노력하는 과정에서 천신만고를 겪고, 온몸이 상처투성이가 되더라도 결코 포기하지 않는 것, 이러한 강인한 정신력이 바로 하버드 정신이다. 하버드 정신은 사람들에게 널리 칭송되어 전 세계 어느 곳이든 영향이 미치지 않은 곳이 없다.

잘못을 인정하는
용기가 필요하다

● 일을 하다 보면 누구나 실수를 할 때가 있다. 다른 사람이 잘못을 저질렀을 때 우리는 그가 스스로 잘못을 인정하고 고치기를 바란다. 하지만 자신이 잘못을 저질렀을 때에는 그것을 숨기려고 한다. 대부분의 경우 우리는 자신의 잘못을 인정하려고 하지 않는다. 그리고 이것은 일을 할 때 소통을 방해하기도 한다. 모두가 자신이 옳다고 주장하며 대립하다 보면 불만과 불평, 충돌이 생기기 마련이다. 심지어 이 때문에 업무의 진척이 느려지기도 한다. 잘못을 인정하는 것이야말로 문제 해결의 핵심이다. 때때로 자신의 의견을 내려놓을 때 오히려 더 큰 성공을 거두기도 한다는 사실을 알아야 한다.

미국의 초대 대통령 조지 워싱턴은 정직하고 인자한 성품으로 미국인의 사랑을 한 몸에 받았다. 그는 미국의 독립 전쟁을 이끌면서 사람들의 마음속에 영웅으로 남았다. 그의 공적을 기리기 위해 미국의 수도명을 워싱턴으로 짓기도 했다.

어린 시절 워싱턴의 집에는 과일나무가 많았는데, 과일나무들 사이에는 잡초가 많이 자랐다. 잡초는 토양의 영양분을 빼앗아 과일나무의 성장을 방해하기에 아버지는 워싱턴에게 낫을 건네며 잡초를 제거하라고 했다. 그러면서 손이나 발이 다치지 않도록 조심하고, 다른 나무도 상하지 않도록 주의하라고 신신당부를 했다.

과수원에서 워싱턴이 낫을 휘두를 때마다 잡초들이 베어나갔다. 그런데 순간의 실수로 새로 심은 어린 복숭아나무를 베고 말았다. 아버지에게 혼이 날까 봐 겁이 난 워싱턴은 베어진 복숭아나무를 잡초더미 속에 숨겨놓았다.

저녁이 되어 과수원을 둘러본 아버지는 잡초더미 속에 숨겨진 어린 복숭아나무를 보고는 워싱턴이 실수로 벤 것이라고 짐작했다. 그런데 워싱턴이 시치미를 떼자 이렇게 말했다.

"하루 만에 이렇게 많은 잡초를 베고 벤 잡초를 한쪽에 잘 쌓아두다니 우리 아들, 정말 대단하구나."

워싱턴은 아버지의 칭찬을 들으니 쥐구멍에라도 들어가고 싶은 심정이었다. 그래서 고개를 숙인 채 이렇게 말했다.

"아버지, 죄송해요. 잡초를 베다가 실수로 어린 복숭아나무를 베고 말았어요. 아버지께 들키지 않으려고 잡초더미 속에 숨겨놓았어요. 거짓말해서 죄송해요."

워싱턴이 솔직하게 털어놓자 아버지는 크게 웃으며 말했다.

"정말 장하구나. 나무를 부러뜨린 것은 혼날 일이지만, 자신의 잘못을 용감하게 인정하고 거짓말하지 않고 변명도 하지 않았으니 혼내지 않으마. 아버지는 수천, 수만 그루의 나무를 손해 보는 것은 상관없지만, 네가 책임을 회피하는 것은 보고 싶지 않다는 걸 명심하렴."

영문을 몰라 어리둥절한 표정으로 워싱턴은 이렇게 물었다.

"잘못을 인정하는 것이 정말 수천, 수만 그루의 나무보다 더 중요한가요?"

"자신의 잘못을 인정하는 용기가 바로 책임을 다하는 용기란다. 이것은 인간의 기본적인 성품이란다. 책임을 질 줄 아는 사람만이 다른 사람의 신뢰를 얻을 수 있고, 사회에서 성공할 수 있단다. 오늘 보니 너는 커서 훌륭한 사람이 될 것 같구나."

워싱턴은 평생 아버지의 말씀을 마음에 새겨 책임을 다하는 용기를 인생의 기본 신조로 삼았다.

훗날 이 일화는 미국 전역에 퍼졌다. 하버드 대학교의 교수가 이 일화를 학생들에게 들려주었고, 여기서 교훈을 얻은 하버드 학생 중에서 여덟 명의 대통령이 탄생했으며, 직장에서 성공한 사람은 셀 수 없이 많다. 이제 자신의 잘못을 시인하는 용기는 하버드인이 갖추어야 할 중요한 자질 중 한 가지가 되었다.

예전에 내로라하는 기업가들에게 이런 질문을 한 적이 있다.

"용감하게 자신의 잘못을 시인하고 책임을 지는 사람이 정말 다른 사람보다 성공할 가능성이 큰가요?"

"물론입니다!"

모두가 그렇다고 대답했다. 이 책을 읽다 보면 곳곳에서 이러한 좋은 성품이 성공을 하기 위해 반드시 갖추어야 할 조건이라는 것을 발견하게 될 것이다.

잘못을 시인하는 데에는 용기가 필요하다. 심리학자들은 "한 사람의 도덕과 양심이 그의 모든 활동을 좌우한다"고 말한다. 도덕과 양심은 올바른 태도와 생각을 지니게 하며, 일을 보다 순조롭게 할 수 있도록 돕는다. 한 사람의 숭고하고 정직한 성품은 양심의 강력한 영향을 받아 더욱 빛을 발한다. 용감하게 잘못을 시인해야 한다는 생각을 마음속에 담고 강력하게 뇌리에 각인시킨다면 무슨 일을 하든 두각을 나타낼 수 있을 것이다.

일을 하면서 절대 실수를 저지르지 않으리라고 장담할 수 있는 사람은 아무도 없다. 잘못을 저질렀을 때 어떤 사람은 변명으로 양심의 가책을 위로하고, 자신이 져야 할 책임을 회피한다. 그런데 만약 이와 같은 행동을 하고 다음에 똑같은 잘못을 저지른 후 '더 그럴듯한' 변명을 내세운다면 그 거짓말이 아무리 완벽에 가깝다 하더라도 언젠가는 밝혀지고 말 것이다. 이런 직원을 상사는 신뢰할 수 없다.

어떤 상황에서든 용감하게 잘못을 받아들이고, 문제를 해결하려는 성의를 보이며, 자신의 책임을 다해야 한다. 잘못을 통해 교훈을 얻고, 실패한 가운데 경험을 쌓으면서 끊임없이 배우고 성장할 수 있다. 당신의 상사가 유능한 리더가 아니더라도 최소한 용감하게 잘못을 시인하고 책임을 전가하지 않는 사람이 신뢰할 만하고 중용될 만하다는 사실은 알고 있을 것이다.

용감하게 자신의 잘못을 직시하라. 그러면 성공에 한 걸음 더 가까워질 것이다.

불가능은
상상 속에서만 존재한다

● 어느 생물학자가 한 가지 흥미로운 실험을 했다.

벼룩을 유리컵 안에 넣자 곧바로 뛰어올라 탈출했다. 몇 번을 반복해보았지만 결과는 같았다. 이때 벼룩이 뛴 높이를 측정해보니 자신의 길이보다 100배 이상까지 뛰어올랐다. 과연 동물 세계에서 최고의 높이뛰기 선수로 불릴 만했다.

이번에는 벼룩을 컵에 넣고 입구를 유리뚜껑으로 덮었다. '탁, 탁, 탁!' 소리와 함께 벼룩은 계속 유리뚜껑에 부딪혔다. 10분 정도의 시간이 지나도록 벼룩은 멈추지 않았다. '뛰는 것'은 벼룩의 삶 자체이기 때문이다. 계속 부딪히면서 벼룩은 점점 똑똑해졌다. 유리뚜껑의 높이를 가늠하여 뛰는 높이를 조절하기 시작한 것이다. 얼마간의 시간이 지나자 몇몇 벼룩들은 더 이상 유리뚜껑에 부딪히지 않고 그 아래에서 자유롭게 뛸 수 있었다.

며칠이 지난 후 생물학자는 조심스럽게 유리뚜껑을 제거했다. 하지만 유리뚜껑이 없어졌다는 사실을 모르는 벼룩은 계속 원래의 높이대로만 뛰었다. 일주일 후에도 가엾은 벼룩은 여전히 유리컵 안에서만 뛰었다. 이제 이 벼룩들은 유리컵 밖으로 뛰어나올 수 없게 되었다. 이미 뛸 수 없는, '기는 벼룩'으로 변해버렸기 때문이다.

그 후 생물학자는 유리컵 안에 알코올램프를 넣어놓았다. 5분도 채 되지 않아 유리컵 안은 불로 이글거렸고, 벼룩들은 살기 위해 머리 위에 있는 뚜껑은 전혀 개의치 않고 뛰어올라(벼룩들은 여전히 유리뚜껑이 있는 줄 알고 있었다) 모두 유리컵 밖으로 탈출했다.

우리 주변에도 벼룩과 같은 인생을 사는 사람들이 많다. 젊은 시절에는 호기를 부리며 성공을 맛보다가 차츰 일이 뜻대로 되지 않게 되면서 실패의 쓴맛을 보게 된다. 실패를 거듭하다 자신의 능력을 탓하며 과거의 실패만을 기억에 새긴다. 그렇게 점점 성공의 기준을 낮추다 주변을 돌아보지 못하고, 어제 하지 못했던 일은 오늘도 할 수 없다고 단언한다. 그들은 노력하지 않고, 자신의 한계를 뛰어넘으려고 하지도 않는다. 그러다 한 걸음만 더 내딛으면 성공에 닿을 수 있을 때쯤 포기한다.

실패를 맛보거나 좌절을 겪은 후에는 절망, 우울, 의기소침 등의 심리 때문에 자신에게 다음 기회가 있다는 생각을 하지 못한다. 이러한 상태에서 영원히 실패의 그림자 속에 자신을 가둔다면 영영 성공의 길을 찾을 수 없게 된다.

폴짝폴짝 뛰는 벼룩이 '기는 벼룩'으로 변한 것은 뛰는 본능을 상실했기 때문이 아니라 여러 차례 좌절을 겪으면서 포기하는 습관을 갖게 되어 포기하는 것에 무감각해졌기 때문이다. 사회학자들은 이와 같이 실패로 나타나는 심리 현상을 '자기 한계 설정'이라고 말한다.

많은 사람들이 성공을 거두지 못하는 근본적인 이유가 바로 이 자기 한계 설정에 있다. 그들이 성공을 추구하지 않는 이유는 성공이 이루지 못할 만큼 높이 있어서가 아니라 심리적으로 '높이'를 인식하고, 이 '높이'에 몇 차례 제한을 당했기 때문이다. 그러는 과정에서 '이 일은 절대로 이룰 수 없어'라는 생각을 갖게 된 것이다. 사실 성공은 생각만큼 그렇게 높은 곳에 있지 않다. 그 높이를 절대 뛰어넘지 못하는 게 아니라 단지 스스로 정한 상상의 한계를 뛰어넘지 못할 뿐이다.

처음 장해물에 부딪힐 때, 우리 눈에 비친 장해물은 매우 어렵고 감당할 수 없을 것처럼 보인다. 하지만 용기를 갖고 극복하면 그 장해물이 한 겹의 창호지에 불과하다는 사실을 알게 된다. 장해물을 극복하는 것은 상상하는 것만큼 그렇게 어렵지 않다. 장해물에 부딪혔을 때 필요한 것은 마음을 가다듬고, 실패가 드리우는 심리적 그림자에서 빠져나와 끝까지 포기하지 않는 자세다.

링컨은 친구에게 보낸 편지의 마지막에 이렇게 썼다.

"사람들이 어떤 일을 하지 않는 것은 단지 그들이 불가능하다고 생각하기 때문이네. 사실 불가능은 사람들의 상상 속에만 존재하지."

자기가 정한 한계에서 벗어나 자신을 믿고 성공만 생각한다면 마음속에 성공하는 모습이 그려진다. 모든 사람이 자신의 꿈을 설계할 수 있다. 모든 사람이 흰 종이를 펼쳐 마음껏 열 가지, 아니 백 가지라도 꿈을 이루기 위한 경로를 써내려갈 수 있다. 하버드 대학교의 한 심리학과 교수는 한 사람의 경험과 사회적 만남 속에서 어떻게 자신을 인식하고 어떻게 자신의 이미지를 그리는지, 다시 말해 자신이 어떤 사람인지, 성공할 것인지 실패할 것인지, 용감한지 유약한지 인식하는 것이 한 사람의 운명을 결정짓는 가장 중요한 요소라고 말했다.

각도를 달리하면
대안이 보인다

● 모든 사물은 양면성을 가지고 있어서 같은 일이라도 부정적인 태도로 임하면 마음이 점점 곤경에 빠지지만, 다른 각도에서 보면 분명 긍정적인 의미를 발견할 수 있다. 그러므로 부정적인 태도를 긍정적으로 바꾸어 곤경 속에서 빠져나와야 한다. 이것이 얼마나 중요한지는 많은 하버드인들의 성공으로 입증되었다. 그들의 성공은 각도를 달리하면 성공이라는 목적지에 보다 쉽게 도달할 수 있다는 것을 보여준다.

어느 심리학자는 "모든 사물에는 양면성이 있다. 각도만 바꾸어 관찰하고 생각하면 우리가 생각하는 것처럼 그렇게 형편없고 아무런 희망이 없는 것은 아니라는 사실을 발견할 수 있다"고 말했다. 이러한 생각은 모든 하버드인에게 영향을 미쳤고, 그들이 성공의 길로 나아가는 데 큰 역할을 했다.

다음 이야기 속 회사가 어떤 우여곡절을 겪었는지 함께 살펴보자. 1980년대 미국의 한 치약회사 이야기다.

이 회사의 제품은 우수한 품질과 눈길을 사로잡는 포장, 합리적인 가격으로 소비자들의 사랑을 받았고 매출액은 계속 상승했다. 지난 10년 동안의 매출 증가율은 매년 20~30%에 달했다. 이는 직원 모두에게 보람된 일이었다. 하지만 11년째 되던 해에 매출 증가율이 5%로 떨어졌고, 12년째 되던 해에는 1%에 그쳤다. 그리고 3년 동안 계속 정체하더니 결국 적자에 이르게 되었다.

몹시 조급해진 회사의 책임자는 대책을 토의하기 위해 즉시 회의를 열었다. 어떤 사람은 판촉을 통해 매출을 증가시켜야 한다고 했고, 어떤 사람은 언론 홍보를 더욱 확대해 인지도를 높여야 한다고 주장했다. 많은 의견이 있었지만 사장은 어떤 결론도 내리지 못했다. 그때 한 젊은이가 일어섰다. 하버드 출신의 인턴인 그는 사장에게 이렇게 말했다.

"제게 아주 좋은 생각이 있습니다. 대신 제 제안대로 하시려면 8만 달러를 주셔야 합니다! 이 제안대로 한다면 회사는 기사회생할 수 있을 것입니다."

사장은 이 말을 듣고 몹시 화를 냈다.

"겨우 인턴 직원에게 월급을 주는 것도 모자라 또 돈을 달라고? 말도 안 되는 소리!"

"사장님, 오해하지 마세요. 만약 제 제안이 통하지 않는다면 한 푼도 가져가지 않겠습니다."

"좋네! 그럼 무슨 좋은 방도가 있는지 한번 말해보게."

그는 주변을 한번 돌아보고는 자신 있게 말했다.

"현재의 치약 입구를 1mm만 크게 만드는 겁니다."

사장은 이 말을 듣고 그 자리에서 8만 달러의 수표를 써주며 일어나 그에게 박수를 보냈다.

생각해보라. 모든 소비자가 매일 입구의 직경이 1mm 늘어난 치약을 사용하면 소비량은 얼마나 늘어나겠는가? 이 제안으로 회사의 매출액은 42%나 증가했다. 작은 변화가 예상치 못한 결과를 가져온 것이다. 그의 성공은 그가 어엿한 하버드인이라는 사실을 말해준다.

심리학자들은 "많은 모순과 갈등은 문제를 바라보는 각도와 관련 있다"고 말한다. 어려움에 직면했을 때 틀에 박힌 사고에 국한되지 말고 다른 각도에서 바라본다면 더 좋은 해결 방법을 찾을 수 있다. 이것은 성공을 위해 반드시 거쳐야 할 과정이다.

성공에는
지름길이 없다

● 때때로 우리는 성급히 한 가지 일을 완성하고 하루빨리 성공이라는 목적지에 닿기를 기대하지만 결과는 종종 실패로 끝난다. 우리는 끊임없이 지름길을 찾지만 실패와 난관 속에서 차례차례 고비를 넘긴다. 이렇게 보면 성공으로 가는 길에는 지름길이 없는 듯하다. 사람들은 하버드인이 쉽게 성공한다고 말하지만, 그들에게 지름길이 있다고 말하지는 않는다.

하버드인들은 난관에 부딪혔을 때 용감하게 맞설 수 있는 심리적 자질이 있기 때문에 좌절 속에서도 경험과 교훈을 쌓아 착실하게 앞으로 나아간다. 긍정적인 마인드로 씨앗에 물을 주며 땀을 흘리다 마침내 성공이라는 열매를 맺게 되는 것이다. 이것이 바로 성공하는 하버드인의 유일한 지름길이다.

미국 필라델피아에 지오 그린이라는 전설적인 아이가 살았다. 그가 태어났을 때 그에게는 한쪽 발과 기형인 오른손만 있었다. 하지만 그의 부모님이 그에게 강한 의지와 생활에 대한 자신감을 심어주기 위해 노력한 덕분에 그는 장애로 인해 어떠한 불안감도 느끼지 않았다. 다른 아이들이 할 수 있는 일은 그도 모두 할 수 있었다. 공부뿐만 아니라 방학에는 친구들과 여행을 가기도 했다.

한번은 체육시간에 친구들이 럭비를 하는 모습에 흠뻑 매료되었다. 이때 선생님이 다가오며 공을 한번 차보라고 권했다. 공은 아주 멀리 날아갔다. 지오 그린은 수업을 같이 듣던 그 누구보다도 멀리 공을 찼다.

부모님은 그에게 맞는 신발을 특별 제작해 그가 킥 시험에 참여할 수 있도록 해주었다. 심지어 학교 럭비선수단에 들어갈 수 있는 자격까지 얻었다. 하지만 코치는 '럭비 선수의 조건을 갖추지 못했다'며 다른 특기가 있는지 테스트해보자고 했다. 지오 그린은 코치에게 다시 한 번 기회를 달라고 부탁했다. 코치는 그의 실력을 여전히 의심했지만 자신감에 차 있는 모습에 감동을 받아 요청을 받아들였다.

일주일 후 코치는 그가 공을 다루는 기술이 심상치 않다고 판단했다. 한 시합에서 55야드나 차 높은 점수를 얻었기 때문이다. 이런 상황은 팀에서 더욱 그를 돋보이게 했다.

여섯 학교가 공동으로 개최하는 럭비 친목 경기가 열리는 날, 각 학교의 학생과 선생님, 럭비를 좋아하는 팬까지 3만 명의 관중이 관람석을 가득 채웠다. 지오 그린의 팀이 경기를 할 때였다. 경기가 거의 끝나갈 무렵, 공은 28야드 선에 있었다. 선수들이 공을 45야드 선까지 몰았을 때였다. 경기가 끝나기 직전 코치가 소리쳤다.

"지오 그린, 어서 들어가 공을 차!"

경기장에 들어갈 때 지오 그린은 그의 팀 골라인까지의 거리가 55야드나 된다는 사실을 알고 있었다. 지오 그린은 머뭇거리지 않고 공을 넘겨받은 후 전력을 다해 공을 찼고 공은 앞으로 뻗어나갔다.

'이길 수 있을까?' '어디까지 날아갈까?'

3만 명의 관중이 숨을 죽이며 바라보았다. 공은 크로스바를 살짝 넘겨 날아갔다. 그리고 심판은 손을 들어 3득점을 알렸다. 결국 지오 그린의 팀은 19 대 17로 승리를 거뒀다. 학생들은 모두 놀라 입을 다물지 못했고, 가장 멀리 공을 찬 선수를 향한 환호소리로 경기장은 가득 찼다. 더군다나 그 주인공은 한쪽 다리와 기형의 한쪽 손뿐인 장애인이었다.

"믿을 수 없어요! 어떻게 그렇게 할 수 있죠?"

누군가 큰 소리로 물었다. 그러자 지오 그린은 미소를 지으며 말했다.

"오늘 좋은 결과를 얻은 것에 대해 가장 감사드리고 싶은 사람은 저의 부모님이세요. 부모님은 항상 저에게 무엇이든지 할 수 있다고 말씀하셨죠. 제가 무엇인가를 할 수 없다고 말씀하신 적은 단 한 번도 없어요. 그리고 성공에는 지름길이 없다고도 말씀하셨죠. 이것이 하버드의 정신입니다. 하버드에서 훌륭한 인재가 나올 수밖에 없다고 생각해요. 모든 하버드인들은 절대 패배를 말하지 않죠. 그래서 저도 계속 노력했어요. 저는 드디어 하버드에 합격했고 진정한 하버드인이 되었어요."

경기장은 우레와 같은 박수소리로 가득 찼다.

지오 그린의 이야기에서 보듯이 성공으로 가는 길에 부정적으로 어떤 일이 불가능하다고 말하는 것은 금물이다. 우선 스스로 자신이 할 수 있다고 인식해야 한다. 그리고 도전하고 또 도전해야 한다. 그러면 결국 마지막에는 정말로 자신이 성공하는 모습을 보게 될 것이다. 어느 심리학자가 이런 말을 했다.

"성공으로 가는 길은 몇 갈래로 나뉘어져 있습니다. 게으른 사람은 언뜻 쉽고 빨라 보이는 길을 선택해 희희낙락하며 갑니다. 그러다 깎아 지른 듯한 절벽에 이르러 궁지에 몰리면 어깨를 축 늘어뜨리고 '일찍 알았더라면 좋았을걸' 하고 불평하며 되돌아옵니다."

우리는 여러 길을 다 둘러보고 빠르고 안전한 지름길을 찾아 신속하게 목적지에 다다를 수 있다. 끊임없이 탐색하는 과정은 어렵지만 성공으로 가기 위해 반드시 거쳐야 하는 길이다. 이 지름길 역시 여러 사람이 우여곡절을 겪은 끝에 얻은 결과다. 어쩌면 우여곡절은 피할 수 없는지도 모른다. 하지만 우리의 노력이 헛되지 않고 노력한 만큼의 결과를 얻는다는 사실만큼은 분명하다.

고난의 길을 걸어보지 않는 사람은 단단한 내공을 쌓을 수 없다. 이러한 내공 없이는 성공도 불가능하다. 한 걸음씩 성실히 가야 할 뿐, 성공에는 지름길이 없다. 고난의 길을 지나고 나면 성공이 기다리고 있을 것이다.

함부로 포기를
말하지 마라

● 인생이 언제나 순풍에 돛 단 듯 평안할 수는 없다. 누구에게나 고난도 있고, 굴곡도 있기 마련이다. 그런데 이 세상에서 성공과 실패를 결정짓는 것은 그 사람의 마음이다. 성공하는 사람은 고난에 직면해도 언제나 마음속으로 '끝까지 해볼 거야. 절대 포기하지 않아!'라고 말하고, 실패하는 사람은 '됐어, 여기엔 소질이 없어'라고 말한다. 이처럼 서로 다른 마음가짐이 완전히 다른 결과를 낳는다.

폴 제프는 평생 포기를 모르는 삶을 살았다. 빈곤한 가정에서 태어난 그는 고등학교 때 아버지가 사고로 돌아가시고, 어머니마저 몸져누워 있어서 계속 학교에 다닐 수 없었다. 폴은 학업을 포기하고 어머니를 도와 생계를 책임지며 동생들의 학비까지 부담했다.

그가 열여덟 살 무렵, 돈을 벌고 싶은데 어떻게 해야 할지 몰라 난감해할 때였다. 문득 집 앞의 고른 땅이 눈에 들어왔다. 폴은 그곳에 채소를 심으면 식비도 줄일 수 있고, 시장에 내다 팔면 약간의 돈도 벌 수 있을 거라고 생각했다. 그는 곧바로 밭을 갈고 채소 씨앗을 심었다. 채소를 키우려면 비료를 줘야 한다는 사실을 몰랐던 그는 그저 밭에 물만 주었다. 하지만 역시 물만으로는 부족했다. 폴은 채소를 수확하기는커녕 씨앗을 산 값까지 손해를 보고 말았다. 그리고 이 일로 동네 사람들에게 웃음거리가 되었다. 이때부터 사람들의 눈에는 폴이 그저 어리석은 사람으로만 보였다.

그러던 어느 날 오리를 키우면 돈을 벌 수 있다는 이야기를 들었다. 오리고기뿐 아니라 오리털도 비싸게 팔 수 있다고 했다. 그는 그 길로 은행에 가서 1,000달러를 대출받아 오리를 사서 키웠다. 그런데 오리를 잡을 때가 되었을 쯤 큰 폭우가 사흘 밤낮을 내려 오리 사육장이 무너졌고, 오리는 며칠 만에 모두 죽고 말았다. 1,000달러라는 돈은 그에게 결코 적은 돈이 아니었다. 폴의 어머니는 이 일로 큰 충격을 받아 세상을 떠나고 말았다.

그 후 폴은 공사장에 나가 벽돌 나르는 일도 하고, 대장간에서도 일하고, 탄광에서도 일해보았지만 돈을 얼마 벌지 못했다. 마흔이 다 될 때까지 그는 결혼도 하지 못했다. 아무것도 없는 빈털터리인 그를 이혼하고 애까지 있는 여자도 거들떠보지 않았다. 폴은 이렇게 다른 사람들의 무시 속에서 살았다. 하지만 절대 포기하지 않았다. 그는 다시 한 번 부딪혀보기로 했다.

폴은 친척 집과 친구 집을 돌아다니며 돈을 빌려 중고 트럭을 구입했다. 트럭을 몰고 석재공장을 다니면서 운반 작업을 했는데, 일을 시작한 지 두 달도 채 되지 않은 어느 날 어둡고 미끄러운 길에서 산골짜기 아래로 미끄러지는 사고를 당하고 말았다. 다행히 골짜기가 깊지 않아 목숨은 건질 수 있었지만 한쪽 다리와 한쪽 팔을 잃게 되었다. 그리고 구조대에 의해 견인된 트럭은 형체조차 알아보기 힘들어 폐차할 수밖에 없었다. 폴은 겨우 고철 값 몇 푼을 받았을 뿐이었다.

폴 제프를 아는 모든 사람들은 이제 그의 인생이 완전히 끝났고, 앞으로 아무것도 하지 않고 죽은 듯이 살 것이라고 말했다. 하지만 10년 후 그는 자산이 3억 달러 이상 되는 회사의 사장이 되었다. 많은 사람들이 어려웠던 그의 과거와 전설적인 창업 성과에 관심을 보였다. 많은 언론들에서도 청년들에게 본보기가 될 그를 앞다투어 인터뷰하고 보도했다. 한 기자가 물었다.

"폴 제프 씨, 어려웠던 시절 굴하지 않고 계속 앞으로 나아갈 수 있었던 원동력은 무엇이었나요?"

폴은 차분하게 대답했다.

"학교에 다닐 때 선생님께서 하버드의 명언을 말씀해주신 적이 있습니다. '쉽게 성공하는 사람은 없다. 성공은 철저한 자기관리와 인내심에서 온다.' 이 말이 마음속 깊이 새겨졌었죠. 전 하버드에 들어가고 싶었지만 가정 형편 때문에 갈 수 없었어요. 하지만 실패할 때마다 이 말을 생각했죠. 그러면 크게 숨 한 번 쉬고 다시 앞으로 나아갈 수 있었습니다. 끊임없이 노력하면서 말이죠. 저는 영원히 포기하지 않을 것입니다."

심리학자들은 "포기하지 않는 것은 확고한 신념에 대한 고집이자 고귀한 자신감"이라고 말한다. 폴 제프의 성공이 바로 이 말을 뒷받침해준다. 결코 포기를 말하지 않는 자부심, 이 역시 성공을 위한 밑천이다. 병색이 완연한 사람도 "나는 결코 포기하지 않고 건강을 회복할 거야.

그리고 성공과 행복도 되찾을 거야"라고 말할 수 있다. 사지를 절단한 사람도 자신감을 갖고 "내 심장은 아직 멈추지 않았어! 내 삶을 포기하지 않을 거야!"라고 말할 수 있다.

노력하는 것은 쉽지 않다. 하지만 함부로 포기를 말하지만 않는다면 영원히 성공을 추구하는 용기와 자신감을 갖게 된다. 작은 좌절에 부딪힐 때마다 쉽게 포기한다면 인생에 무슨 희망이 있겠는가? 인생의 의미가 또 어디에 있겠는가? 의기소침해지고 포기하고 싶어질 때마다 어쩌면 승리가 바로 앞 코너를 돌면 보이는 그 자리에서 기다리고 있을지도 모른다고 생각해보라. 자꾸 포기하면 당신은 절대 성공을 맛볼 수 없을 것이다. 좌절과 고난에 부딪힐 때마다 스스로에게 이렇게 말해보자.

"버텨! 성공은 포기하지 않는 사람에게 찾아오는 거야!"

지레 겁먹고
주저하지 마라

● 몇 명의 학생이 미국의 유명한 심리학자 프롬을 찾아가 가르침을 청했다.

"마음가짐이 한 사람의 인생에 어떤 영향을 미치죠?"

그는 미소를 띠며 아무 말 없이 학생들을 데리고 어두운 방으로 들어갔다. 프롬의 도움으로 학생들은 한치 앞도 보이지 않는 신비한 방에서 신속하게 빠져나올 수 있었다. 그러고 나서 프롬은 방 안의 등을 켰다. 학생들은 어슴푸레한 불빛 아래에서 방 안의 배치를 보고는 식은땀을 주르륵 흘렸다. 알고 보니 그 방 안의 바닥은 크고 깊은 수조로 되어 있었다. 그리고 그 수조 안에는 커다란 구렁이에 코브라 세 마리까지, 각종 독사들이 우글거렸다. 몇 마리는 고개를 빳빳이 들고 혀까지 날름거렸다. 수조에는 다리가 하나 있었는데, 학생들이 바로 이 다리를 지나간 것이었다. 프롬은 학생들을 바라보며 물었다.

"이 다리를 다시 건너고 싶은 사람이 있나요?"

모두 서로를 바라볼 뿐 아무도 대답하지 않았다. 프롬은 다시 방 안의 등을 몇 개 더 켰다. 학생들이 눈을 비비며 자세히 들여다보니 다리 아래에 안전망이 설치되어 있었다. 프롬은 큰 소리로 물었다.

"이제 여러분 중에 이 다리를 통과할 사람이 있나요?"

학생들은 여전히 아무 대답도 하지 않았고, 아무도 감히 나서지 않았다.

"안전망이 있는데도 왜 다리를 건너지 않으려고 하나요?"

프롬이 물었다.

"이 안전망은 튼튼한가요?"

학생들은 아직도 두려움이 가시지 않은 듯 물었다. 프롬은 웃으며 말했다.

"이제 여러분의 맨 처음 질문에 대답을 하죠. 이 다리를 건너는 것은 사실 어렵지 않습니다. 하지만 다리 아래의 독사가 공포심을 조성하죠. 그래서 여러분은 평정심을 잃고 어쩔 줄 몰라 당황하며 겁을 낸 겁니다. 그런데 사실 수조 속의 뱀들은 모두 독을 제거한 상태입니다."

인생도 마찬가지다. 실패의 원인은 힘이 약해서이거나 머리가 나빠서가 아니다. 전체적인 국면을 철저하게 분석하지 못해서도 아니다. 그것은 바로 고난을 너무 자세히 본 나머지 겁을 먹고 비틀거렸기 때문이다.

하버드 대학교의 한 심리학과 교수는 이렇게 말했다.

"실패하는 경우는 대부분 고난을 너무 자세히 봐서 겁을 먹고 비틀거렸기 때문이다. 사람들이 도중에 포기하는 이유는 알 수 없는 역경에 겁을 먹고 성공이 아주 멀리 떨어져 있다고 착각했기 때문이다."

고정관념에서
벗어나라

● 하버드인의 성공에 있어 가장 중요한 요소 중 한 가지
는 정형화된 사고의 틀에서 벗어나는 것이다.

다음의 문제를 살펴보자.

경찰청장이 길가에서 한 노인과 대화를 나누고 있었다. 이때 한 아이가 달려
와 경찰청장에게 황급히 말했다.

"청장님 아빠하고 우리 아빠하고 싸워요!"

노인이 물었다.

"이 아이는 누구요?"

경찰청장이 말했다.

"제 아들입니다."

여기서 싸우고 있는 사람은 경찰청장과 무슨 관계일까? 100명 중 단 두 명

만이 정답을 맞혔다. 세 식구인 가족에게 이 질문을 하자 아버지는 정답을 맞히지 못했고, 아이는 고민할 것도 없이 맞혔다.

"청장은 아이의 엄마, 싸운 사람은 청장의 남편이죠. 그러니까 아이의 아빠고요. 다른 한 사람은 청장의 아버지니까 아이의 외할아버지입니다."

아이도 쉽게 푸는 이 간단한 문제를 어른들은 왜 풀지 못할까? 바로 고정관념 때문이다. 성인들은 자신의 경험에 따라 경찰청장이 분명 남자일 거라고 생각한다. '남성 경찰청장'이라는 고정관념에 얽매여 있으니 정확한 답을 찾을 수 없는 것이다. 하지만 사고에 전혀 제한을 받지 않는 아이는 곧바로 정답을 말할 수 있었다.

다시 한 번 난센스 퀴즈에 도전해보자.

"삼수변(氵)에 '래(來)'를 합치면 어떻게 읽을까요?"

"그야 그대로 '래'죠."

"그럼 삼수변에 '거(去)'를 합치면?"

아마 대부분 말문이 막힐 것이다. 무의식적으로 '거'라고 말하는 사람도 있고, "그런 글자가 어디 있어요?"라고 말하는 사람도 있을 것이다. 그런데 아무리 한자를 잘 모르는 사람이라도 '법(法)' 자는 대개 다 안다.

똑같은 문제를 초등학교 3, 4학년 학생들에게 물었다. 이때 '속임수에 걸려든 아이'는 거의 없었다. 왜 그럴까? 이 역시 고정관념 때문이다.

사회심리학자들은 인간관계와 인지 과정에서 고정관념이 보편적으로 존재한다는 사실을 발견했다. 일단 고정관념이 생기면 사고에 관성이 생겨 어떤 현상을 대할 때 자연스럽게 과거의 습관에 따라 생각하고 결론을 내린다. 고정관념은 어떤 면에서 보면 우리가 하는 일을 더 숙련되게 하고 자동화 단계에 이르게 하지만, 그로 인해 우리의 사고는 자유롭지 못하게 된다. 고정관념 때문에 우리는 규칙적인 방법에 따라 문제를 해결할 뿐 다른 경로를 탐색하지 않게 되는 것이다.

학습이나 일 또는 일상생활 중에 의식적으로 고정관념에서 벗어나려 노력할 필요가 있다. 그래야만 더욱더 개방적이고 깊이 있게, 그리고 융통성 있고 민첩하게 생각할 수 있으며 판단을 그르치는 실수를 줄일 수 있다.

꿈을 반드시
실행에 옮겨라

● 'Dream come true', 꿈을 이루는 것은 굉장한 축복이다. 누구나 자신만의 꿈을 가지고 있다. 꿈이 있어야 목표도 생기고, 목표를 실현하기 위한 계획도 세울 수 있다. 그런데 망설이며 꿈을 이루기 위한 행동을 실천하지 않는 이들이 있다. 또는 행동에 옮기다 어떤 난관에 부딪히면 곧바로 물러나 꿈이 안개처럼 사라지고 마는 경우도 있다.

언제나 생각하는 것보다 행동하는 게 낫다. 아무리 훌륭한 꿈과 목표도, 아무리 완벽한 계획도 실천에 옮기지 않으면 공상에 불과하다. 꿈이 있다면 주저하지 말고 실행에 옮겨 꿈을 이룰 수 있는 환경을 만들어야 한다. 이것이 바로 꿈을 이루는 길이다.

가난한 집에서 태어난 수리는 부모님이 모두 에이즈 환자였다. 하지만 수리는 자신의 꿈을 포기한 적이 없었다. 그녀는 자신의 힘으로 운명을 헤쳐나가 마침내 하버드 대학교 학술 전당에 올랐다.

수리가 여덟 살 때 엄마, 아빠 둘 다 마약중독자였다. 수리의 부모는 얼마 되지 않는 소득을 모두 마약을 사는 데 써버렸다. 수리는 어려운 생활 속에서 항상 굶주렸고 추위에 떨어야 했다. 어린 수리는 어쩔 수 없이 구걸을 하며 끼니를 때웠다. 그때 그녀에게는 큰 바람도, 미래도 없었다. 그저 빨리 어른이 되어 의식주를 해결할 수 있는 직업을 찾고, 산산조각 난 가정을 지탱할 수 있기를 바랄 뿐이었다.

어머니가 에이즈에 감염된 것을 알았을 때 수리는 겨우 열한 살이었다. 강인한 수리는 눈물을 참으며 병으로 고통스러워하는 어머니를 살뜰히 보살폈지만 2년 후 수리의 어머니는 세상을 떠났다. 엎친 데 덮친 격으로 아버지까지 감옥살이를 하게 되었다. 수리는 돌아갈 집이 없었다. 모든 일들이 악몽같이 그녀를 맴도는 듯했다.

시간이 흐르면서 수리는 자신의 인생을 생각하기 시작했다. 그리고 부모님처럼 허송세월하지 않으리라 다짐했다. 자신의 운명을 바꾸고 당당한 사회구성원이 되어 사회에 꼭 필요한 사람이 되기로 결심한 그녀는 자신의 운명을 바꿀 단 하나의 길은 학교로 돌아가는 것이라고 생각했다. 수리는 더욱 열심히 공부했다.

열여섯 살이 되던 해, 수리는 마침내 복학할 수 있었다. 그녀에게 돌아갈 집이 없다는 것은 학교 전체가 다 아는 사실이었다. 그녀는 공부에 매진했고, 밤낮없이 최대한 많은 선택과목을 들었다. 그러면서도 틈틈이 아르바이트를 했다. 그 어떤 고난도 그녀를 쓰러뜨릴 수는 없었다. 그녀는 꿋꿋하게 자신의 운명에 도전했다.

수리는 자신의 학습 계획을 착실히 실천했고 고등학교에도 진학했다. 하지만 여전히 옷과 음식이 부족했고, 밤에는 길에서 노숙을 해야 했다. 희미한 가로등 불빛에 의지해 책을 보고 숙제를 해야 했지만 그러한 환경 속에서도 인생의 방향을 잃지 않았다.

고등학교 졸업을 며칠 앞두고 수리는 다른 몇몇 우수 학생들과 함께 선생님을 따라 하버드 대학교를 방문했다. 하버드의 복도에 서자 수리의 눈에는 눈물이 고였다. 이것은 꿈이 곧 현실이 될 것 같은 기쁨, 말로 표현할 수 없는 감동이었다. 교정을 걸어다니는 사람들을 보며 그녀는 스스로에게 묻고 또 물었다.

'이 사람들은 왜 이곳에서 공부할까?' '저들과 나는 뭐가 다르지?' '무엇이 사람의 인생을 바꾸는 것일까?'

그 후 수리는 하버드 대학교에 지원하기로 결정했다. 그녀는 신비롭고 지혜가 가득한 하버드의 아름다운 교정에 감명 받아 이곳의 교육이 자신에게 다른 인생을 안겨줄 것 같다고 생각했다. 오랜 기다림 끝에 수리는 마침내 하버드 입학통지서를 받았다. 폴짝폴짝 뛰며 기쁨을 만끽하는 그녀는 마침내 날개를 활짝 펼친 한 마리의 작은 새 같았다.

수리는 어떤 어려움이 있어도 운명에 굴복해서는 안 된다는 사실을 깨달았다. 세계는 끊임없이 움직이고, 삶은 계속된다. 현실은 당신의 고난이나 상심 때문에 변하지 않는다. 상심만 하고 있으면 더 침울해지고 앞으로 나아갈 방향도 잃게 된다. 그녀의 상황은 더 이상 나쁠 수 없을 만큼 나빴지만 수리는 더 강해지는 쪽을 선택했다. 그 어떤 상황에도 상심하지 않고 악바리처럼 굳세게 새로운 삶을 시작했다.

수리는 생활고에 시달리면서도 우아하고 진실한 성품을 잃지 않았다. 그녀의 완강함, 운명에 굴복하지 않는 강인함과 군센 의지, 끊임없이 앞을 향해 달리는 진취적인 마인드는 수천만 미국인을 감동시켰다. 기자가 물었다.

"의식주도 해결하지 못한 채 거리를 떠돌 때 울었나요?"

수리가 말했다.

"제가 왜 울겠어요? 그것이 제 생활인걸요. 저는 오히려 감사했어요. 그로 인해서 제가 꿈을 이루었잖아요. 전 정말 성공을 갈망했고 하버드에 들어가고 싶었어요. 제가 매일 부딪히는 고난을 극복한 후에는 꿈을 이루는 제 발걸음을 막을 수 있는 것이 아무것도 없었죠."

사람들은 이 소녀에게서 꿈으로 기적을 만드는 정신을 보았다. 인생을 스스로 선택하는 원동력을 보았다. 심리학자들은 "성장 과정에서 많은 장해물에 부딪힐 수 있는데, 생활고 때문에 인생의 방향을 잃지는 말라"고 조언한다. 성공은 멈춰 서서 우리를 기다리고 있지 않는다. 따라서 꿈이 있다면 반드시 노력해서 이루어야 한다. 늦었다고 생각할 때가 가장 빠른 것이다. 꿈을 이루는 길이 바로 당신 앞에, 당신 발아래에 있다.

꿈을 이루어가는 과정에 고난을 겪기도 하는데 첫술에 배부를 수는 없는 노릇이다. 큰 방향을 잡고 한번 마음먹은 일은 끝까지 해낸다면 꿈을 가로막는 장해물을 제거할 수 있다. 그러면 인생의 가장 아름다운 그림은 현실이 된다. 그러므로 배운 것을 실천하고 사업을 이루고자 한다면 각 단계의 계획을 잘 세우고, 쉬지 않고 성실히 실천에 옮겨 자신의 꿈을 향해 달려야 한다.

하버드인의 성공 비법

● 프랭클린 루스벨트

일주일에 한 가지씩 단점을 골라 고치고, 그 과정을 매일 기록했다. 그다음 주가 되면 또 다른 나쁜 습관을 골라 또다시 그 과정을 반복했다. 프랭클린은 일주일에 한 가지 단점을 고치는 노력을 2년 넘게 했다. 미국 역사상 가장 사랑받고 가장 영향력 있는 사람 중 한 명이 되는 일은 결코 저절로 이루어지지 않았다.

● 헬렌 켈러

어렸을 때 시력과 청력을 모두 잃고도 평생 십여 편의 문학 작품을 출판하였으며, 자선사업에도 힘을 쏟았던 헬렌 켈러는 굳은 의지와 인류에 대한 공헌으로 전 세계를 감동시켰다. 헬렌 켈러가 이렇게 위대한 성공을 거둘 수 있었던 것은 강한 의지와 원대한 꿈이 있었기 때문이다.

● 조지 워싱턴

어린 시절 잡초를 베다가 실수로 복숭아나무를 베고 거짓말을 했지만 이내 아버지에게 실토했던 그는 이 사건을 통해 책임을 질 줄 아는 사람만이 다른 사람의 신뢰를 얻을 수 있고, 사회에서 성공할 수 있다는 것을 깨닫고 책임을 다하는 용기를 인생의 기본 신조로 삼았다.

chapter
two

행복 심리학

행복한 생활이
삶을 더욱
감칠맛 나게 한다

삶은 환경뿐만 아니라 마음에 따라서도 달라진다.
마음의 여유를 가지고 자신의 생활을
잘 관리하는 사람일수록 더욱 행복하다.

감동은
삶의 원동력이 된다

● 삶은 대부분 평범한 날들로 이루어진다. 그런데 누군가에게는 평범한 삶 속에서 종종 위대한 일이 생기기도 한다. 사업을 크게 하지도 못했고, 주목받을 만한 업적을 세우지도 못했지만 세상 사람들에게 감동을 선사하는 이들이 있다. 그들은 강인함과 인내심을 가지고 주변 사람들에게 진심으로, 묵묵하게 힘을 실어주며 행복의 참맛을 느끼게 한다.

하버를 알게 된 지는 몇 년 되었다. 그는 하버드 대학교를 졸업한 후 내가 다닌 대학에서 조교수로 일했었고, 우리는 줄곧 잘 어울려 지냈다. 내가 졸업한 후 하버는 미국으로 돌아갔지만 우리는 자주 연락을 주고받았다. 언젠가 해외여행을 갈 기회가 있었는데, 당시 하버는 자기 집에서 며칠 묵으라고 말했다. 우리는 실리콘밸리에서 만났고, 하버가 차로 나를 데리러 왔다. 그의 집으로 향하는 길에 나는 하버가 예전보다 훨씬 밝아진 것 같다고 생각했다. 대화 속에서도 자신감이 느껴졌다. 나는 물었다.

"어떻게 하면 이렇게 밝아질 수가 있는 거야?"

그는 운전을 하며 이야기를 들려주었다. 그 이야기는 아직까지도 잊히지 않고 내 뇌리에 남아 있다.

"예전에는 나도 사소한 일에 전전긍긍할 때가 많았어. 내가 미국으로 돌아오고서 2년이 지난 후 가을이었지. 나는 혼자 캘리포니아 주의 샌프란시스코 시내를 걷다가 깜짝 놀랄 만한 광경을 보았어. 그때부터 나는 어떤 사람, 어떤 일에도 걱정하지 않게 되었어. 사실 그것은 1분 정도밖에 되지 않는 아주 짧은 찰나였지. 하지만 나는 그 1분 동안 지난 10년, 아니 20년 동안 배운 이치보다도 더 많은 것을 깨달았어."

하버는 이어서 말했다.

"미국에 돌아온 나는 샌프란시스코에서 2년 동안 일을 했지. 금융 위기 때문에 투자한 자금을 모두 잃고 큰 빚까지 지게 되었는데, 빚을 다 갚고 나자 아무것도 남지 않았어. 나는 숙부에게 돈을 빌려 실리콘밸리에서 일을 하기로 결심했어. 내가 마치 바람 빠진 풍선처럼 어깨를 축 늘어뜨리고 길을 걷고 있을 때 두 다리를 잃은 중년 여성이 다가왔어. 그녀는 나무판자에 앉아 있었는데, 나무판자 아래에 바퀴 몇 개가 달려 있더군. 두 손에는 나무막대를 하나씩 들고 땅을 지탱해 판자를 앞으로 밀고 있었어. 내가 그 장면을 보았을 때 그녀는 이미 횡단보도를 지나 코너를 돌아 계속 앞으로 가는 중이었어. 그녀는 누군가 자신을 바라보고 있는 게 느껴졌는지 내 쪽으로 고개를 돌리더군. 그런데 놀랍게도 화장을 한 얼굴에 하얀 피부, 큰 눈, 머리카락을 올려 묶은 것이 한눈에 봐도 사고가 잃어나기 전까지는 아름다운 여성이었음을 알 수 있었지. 그때 눈이 마주쳤어. 그런데 그녀가 나를 보고 미소를 지으며 인사를 건네는 거야. '안녕하세요? 오늘 날씨 정말 좋죠?' 그녀는 행복해 보였네. 그리고 그녀를 바라보는 나도 순간 행복해졌어.

'단 한 번의 실패에 한탄하며 하늘을 원망하고 다른 사람 탓을 하는 나는 너무 나약한 것 아닌가.' 이렇게 생각하면서 나 자신에게 말했네. '저 여자는 두 다리를 잃고도 저렇게 행복하고 즐겁게 살고 있잖아. 나는 멀쩡한 두 다리로 걸을 수 있는데 더 행복하지 못할 이유가 뭐야?' 그러고서 갑자기 자신감이 생겼네. 나는 다른 사람들에게 실리콘밸리에서 일을 찾을 계획이라고 큰소리로 말하고 다녔어. 그렇게 나는 돈도 빌리고 일도 구할 수 있었네."

하버는 목을 가다듬고 이어서 말했다.

"나는 침실 벽에 이런 문구를 붙여두고 매일 아침 일어나 읽어본다네. '남은 말을 타고 가고, 나는 나귀를 타고 간다. 잘난 사람과 비교하면 부족해 보이고, 못난 사람과 비교하면 나아 보인다. 시시각각 감동을 느끼면 행복은 언제 어디서나 존재한다.' 이 정도는 해야 하버드인이라고 할 수 있지 않겠나?"

하버가 이미 삶의 감동 포인트를 찾았다는 것이 느껴졌다.

감동은 시간이 지난다고 해도 사라지지 않는다. 일이 힘들다고 해서 퇴색되지도 않는다. 심리학자들은 이러한 감동을 '무지개'에 비유한다. 마음의 하늘에 걸려 있는 가장 아름다운 풍경이기 때문이다. 감동은 인생의 행복과 아름다움을 느낄 수 있게 해주는 자연스러운 감정의 표출이며, 성공을 향해 나아가게 하는 원동력이 된다.

행복의 비결은
비교하지 않는 것

● 삶이 고달픈 이유의 절반은 생계 때문이고, 절반은 비교 때문이다. 우리는 다른 사람과의 비교 잣대 속에서 산다. 나의 행복은 다른 사람 눈에 비친 행복이며, 나의 기쁨은 다른 사람 눈에 비친 기쁨이다. 그리고 지나친 자존심 때문에 많은 사람들의 삶의 목표가 '남보다 더 잘 사는 것'으로 바뀌었다. 고등학교는 좋은 학군에서 다녀야 하고, 성적은 남보다 우수해야 한다. 명문대에 들어가야 하며, 남보다 더 나은 학과에 입학해야 한다. 졸업 후에는 남보다 더 좋은 회사에 들어가 더 많은 연봉을 받아야 한다. 당연히 남보다 더 넓은 집에 살고, 더 좋은 차를 타야 한다. 배우자는 외모가 더 뛰어나야 하고, 아이들은 더 영리해야 한다.

비교라는 기준 때문에 우리는 끊임없이 열심히 앞으로 나아가야 한다. 한 고비가 지나가면 새로운 문턱이 또 나타나기 마련이라 끝이 존재하지 않는다. 끝없는 비교 속에서 여유나 편안함은 점점 멀어지고, 긴장감이 우리를 더욱 지치게 해 결국 병을 얻게 된다. 행복은커녕 건강까지 잃고 마니, 실로 얻는 것보다 잃는 것이 많다. 심리학자들은 "사람들이 마음을 털어놓지 못해 치유되지 않는 상처를 입는다"고 말한다. 우리가 남과 비교하지 않고 자신의 인생을 성실히 산다면 분명 보다 많은 행복을 느낄 수 있을 것이다.

일찍이 하버드 대학교 의과대학을 졸업한 에스티 교수는 진정으로 행복한 사람이라고 말할 수 있다. 60세인 그는 말에 기품이 있고, 행동에는 감화력이 있어 그를 만나면 누구나 기분이 좋아진다. 에스티 교수의 책상에는 최근 찍은 사진이 놓여 있는데, 사진 속의 그는 쉰을 갓 넘은 사람처럼 보여 누구라도 "젊어 보이시네요", "활기 있어 보이세요"라고 말한다. 그의 마인드는 내면의 행복에서 비롯되며, 행복은 그의 웃는 얼굴로 드러난다. 이 모든 것들이 그의 건강과 활력을 보여준다.

사람들의 반응에 에스티 교수는 이렇게 말하곤 한다.

"저희 어머니가 올해 98세가 되셨는데 여전히 유쾌하세요."

긍정적인 마음은 어머니가 그에게 물려준 가장 훌륭한 재산이다. 항상 긍정적인 마음을 유지하는 것이 어디 그렇게 쉬운가? 의사라는 직업은 매일 많은 환자를 만나야 하고, 또 인턴들도 지도해야 하니 시간이 늘 부족하기 마련이다. 하지만 그는 언제나 즐겁게 생활한다. 환자를 대할 때에도, 설령 그 환자의 병환이 위중하다고 하더라도 나을 거라고 격려하면서 병을 이겨낼 수 있도록 자신감을 북돋아준다. 자신감이 생겨야 긍정적인 마음도 생긴다. 때문에 많은 환자들이 몸과 마음의 건강을 회복하여 자신의 일터로 돌아갈 수 있었다. 그러한 가운데 에스티 교수는 성취감과 행복감을 느낀다고 말한다.

에스티 교수의 행복의 비결은 바로 비교하지 않는 것이다. 삶이 고달픈 것은 비교하기 때문이다. 부모라면 누구나 자식이 잘되기를 바란다. 하지만 무엇이든 잘하는 자녀가 그리 흔한가? 평범한 사람도 행복할 수 있다. 부모는 아이들에게 충분한 생활공간을 마련해주고 즐겁게 해주면 그만이다.

에스티 교수는 딸에게 어렸을 때부터 어떤 성과를 내야 한다고 요구하지 않았다. 그저 건강하고 행복하게 자라기만을 바랐다. 그 아이는 자유롭게 발전할 기회를 찾으며 뜻밖의 수확도 얻었다. 에스티 교수는 이렇게 말한다.

"한 가족이 행복하게 사는 것, 이보다 더 좋은 게 어디 있겠어요?"

자신의 생활을 관리할 줄 아는 에스티 교수는 언제 어디서나 늘 본성에 따라 행동한다. 그는 퇴근 후 항상 텔레비전을 보거나 산책을 한다. 새로운 영화가 개봉하면 영화를 보러 가고, 정말 시간이 없을 때에는 집에서 영화를 본다. 그는 만약 영화도 못 보고 매일 일만 해야 했다면 절대 즐겁게 일할 수 없었을 것이라고 말한다. 하버드 대학원을 준비할 당시에도 보고 싶은 영화는 빼놓지 않고 보았다. 그는 영화를 보면서 공부를 했다.

에스티 교수는 친구나 동료들이 너무 바빠서 피곤하다고 하면 억지로라도 하루 이틀 쉬어야 한다고 강조한다. 그리고 아플 때 출근하면 몸이 더 상할 뿐만 아니라 아픈 몸을 이끌고 일을 하다 보면 실수가 생겨 얻는 것보다 잃는 게 더 많으니, 아플 때에는 절대로 출근하지 말라고 말한다.

"욕심을 버리고 평소 운동을 하고 균형 잡힌 식사를 하며 규칙적으로 생활해야 한다. 생명을 아낄 줄 아는 사람만이 인생을 즐길 수 있다."

이것이 에스티 교수가 말하는 행복의 비결이다.

타인의 기준에 따라 사는 것은 고통이며 비극이다. 인생은 짧다. 진정으로 행복을 느낄 수 있는 시간은 더 짧다. 우리는 에스티 교수처럼 완전하고 진실하게 살아야 한다. 심리학자들은 '남보다 낫게'를 인생의 목표로 삼을 때 비교의 늪에 빠진다고 경고한다. 한순간도 쉬지 않고 미친 듯이 앞만 보며 달려가고, 힘들고 지친 마음을 숨긴 채 행복한 척하다 더 이상 계속할 수 없어 쓰러지고 나면 인생의 종착역에 다다르게 된다.

어쩌면 해가 지는 해변을 홀로 걷다가 우연한 기회에 물결이 햇빛에 반짝이는 모습을 보고 인생이 추구하는 행복은 밀물과 썰물 후의 평온과 고요한 마음이라는 사실을 발견할지도 모른다. 행복이란 마음 깊은 곳의 감정이다. 잘 살고 있는지, 행복한지는 가슴에 손을 얹고 스스로에게 물어봐야 한다. 스스로 행복하다고 느낀다면 행복한 것이다. 다른 사람의 눈에만 빛나 보이는 것은 금방 사라지는 연기와 같이 눈을 돌리면 흩어지고 만다.

사람마다 사는 방법이 다르고, 느끼는 행복도 저마다 다르다. 중요한 것은 삶에서 얻고자 하는 것이 무엇인지 스스로 아는 것이다. 더 넓은 하늘을 바라볼 수 있도록 자신의 마음에 창문을 하나 달아주자.

제삼자의 입장에서
바라보라

● "중이 제 머리를 못 깎는다"는 속담이 있다. 자신의 문제를 정확하고 공정하게 바라보기가 쉽지 않다는 뜻이다. "제 눈의 대들보는 안 보이고 남의 눈의 티끌만 보인다"는 말도 있다. 다른 사람의 것은 매우 잘 보이지만 자기 자신의 것은 잘 안 보이는 법이다. 다시 말해 '제삼자가 보는 눈이 더 정확하다.' 그렇다면 일상생활 속에서 제삼자의 입장에서 자신의 진짜 희비를 바라본다면 자신에 대해 더욱 잘 알고 진정한 행복을 찾을 수 있을 것이다.

하버드 대학교의 한 학생 간부인 클리어가 기차를 타고 여행을 갔다가 돌아오는 길이었다. 친구들이 멋진 데님을 입고 신발은 어울리지 않게 낡고 큰 가죽구두를 신은 그를 보았다. 구두는 너무 낡아 광택도 사라졌고, 가죽도 떨어져나가 표면이 울퉁불퉁했다. 한눈에도 '온갖 풍파를 다 겪은' 신발이라는 것을 알 수 있었다.

그때 한 친구가 클리어의 발을 가리키며 "어떻게 된 거야? 무슨 일이라도 있었어?" 하고 물었다. 클리어는 아무 말 없이 웃기만 했다. 그러더니 "무슨 일이 있었는지 알아맞혀봐"라고 하는 것이었다. 그 친구는 도무지 영문을 모르겠다는 듯 말했다.

"이색 패션인가? 이런 복장은 처음 봐."

"이색 패션? 이렇게 낡은 구두를 신는 것이 패션이라고?"

클리어는 더 크게 웃었다.

"도대체 무슨 일이 있었던 거야?"

친구는 어리둥절해하며 물었다.

"재미있는 일이 있었지."

클리어는 대답했다.

"여행에서 돌아오는 길에 너무 피곤해서 침대칸 표를 구매했어. 내 맞은편 자리에 또래 친구가 앉았는데 매우 낡은 옷을 입고 큰 가방을 메고 있었지. 서로 간단히 소개를 한 후 그 친구가 먼저 누웠어. 눈을 감고 좀 쉬는 것 같았어. 나도 잠깐 잠이 들었다가 어느 역에 도착했다는 방송을 듣고 눈을 떴는데 글쎄 그 친구가 내 명품 운동화를 신고 서둘러 기차에서 내리지 뭐야."

"명품 운동화를 낡은 구두와 바꿔 신고 갔는데 웃음이 나와?"

친구가 다시 물었다.

"안 웃으면 어쩌겠어."

클리어는 이어서 말했다.

"그 친구는 이미 기차에서 내렸고, 내가 내려야 할 역은 도착하지 않았으니 쫓아갈 수가 있나? 그렇다고 원망해봐야 무슨 소용이 있겠어. 이 낡은 신발을 다른 사람의 새 신발과 바꿀 수도 없잖아."

"그렇다고 해도 그렇게 기분 좋게 웃을 일은 아니잖아."

친구가 여전히 알 수 없다는 듯 물었다.

"이렇게 어이없는 일을 겪었는데 기분이 좋을 리가 없지. 그런데 말이야, 일은 이미 일어났는데 화내고 짜증내는 건 아무 도움도 안 되잖아. 그 자가 내 신발을 훔쳐가면서 그래도 일말의 양심은 남아 있어서 낡은 구두는 놓고 갔지 뭐야. 맨발로 헤매는 일까지는 면하게 해줬으니 얼마나 다행이야. 게다가 운동화 말고는 아무것도 가져가지 않았잖아."

그 자리에 있던 친구들은 클리어의 태평함에 감탄할 뿐 아무 말도 하지 않았다.

살면서 뜻대로 되지 않는 일은 수시로 발생한다. 그런데 클리어처럼 실의와 슬픔을 천연덕스럽게 마주할 수 있는 사람이 과연 몇 명이나 될까?

그전까지 나는 내가 똑똑하고 이성적인 사람이라고 생각했다. 울적한 일이 생겨도 친구들을 만난다든지 골프를 친다든지 하는 방법으로 스스로 스트레스를 해소하고 마음을 편하게 유지하기 위해 노력했다. 그런데 이렇게 하면 기분은 좋아졌지만 일과 학업에서는 크게 뒤처졌다. 심리학자들은 "똑똑한 사람은 문제를 해결할 수 있지만, 더 똑똑한 사람은 문제를 예방할 수 있다"고 말한다. 클리어에 비하며 나는 '애송이'에 불과했던 것이다. 왜냐하면 스트레스를 풀면서 자신에게 또 다른 실패의 위험도 심어주었기 때문이다. 이런 것이 반복되다 보면 마음은 더 이상 가벼워지지 않을 것이다. 하물며 행복은 말해 무엇 하겠는가.

좌절 속에서도 나아갈 방향을 찾고, 실패 속에서도 성공의 길을 찾아야 한다. 슬픔 속에서도 기쁨을 발견하고, 성공했을 때에도 실패를 유발할 수 있는 요소를 찾아내야 한다. 슬픔과 기쁨, 만남과 헤어짐을 떠나 평상심을 가지면 행복의 참맛을 느낄 수 있다. 제삼자의 입장에서 스스로를 바라보면 '꽃이 피는 것은 꿈, 꽃이 지는 것은 시'라는 말의 뜻을 이해할 수 있을 것이다.

내 안의
긍정 에너지를 깨워라

● 심리적 암시에는 자기 암시와 타인 암시, 두 가지가 있다. 그중 자기 암시는 어떤 관념이 자신의 정서와 의지에 작용하도록 하는 것이다.

때때로 자기 암시는 인체에 나쁜 영향을 미친다. 예를 들면 '상상 임신' 같은 것이 있다. 결혼 후 임신을 초조하게 기다리다 월경이 시작되면 임신이 물거품이 되었다는 생각에 실망하고 만다. 이런 심리적 압박 때문에 월경이 늦어지면 스스로 임신을 했다고 착각한다. 그러면 구토가 나고 자극적인 음식을 찾다가 병원을 찾는다. 하지만 검사 결과는 임신이 아니다. 이러한 현상은 임신에 대한 지나친 부담으로 내분비 리듬이 파괴되어 발생한 것이다. 나아가 시상하부 뇌하수체가 임신 호르몬을 증가시키면서 난소 기능에까지 영향을 미쳐 배란이 억제되어 일시적으로 폐경이 생기는 것이다.

자기 암시는 인체에 긍정적인 작용을 하기도 한다. 예를 들어 잠재적 기억력을 일깨워주는 경우가 있다.

한 실험에서 학생들을 두 그룹으로 나누어 같은 시를 낭독하게 했다. 실험 진행자는 낭독 전 첫 번째 그룹에게 이 시가 유명한 시인의 시라고 알려주었다. 그리고 두 번째 그룹에게는 누구의 시인지 전혀 알려주지 않고 낭독 후 곧바로 외워서 쓰게 했다. 그 결과 첫 번째 그룹의 기억률은 56.6%였고, 두 번째 그룹의 기억률은 30.1%로 나타났다. 이는 유명한 시인의 시라는 암시가 학생들의 기억력에 큰 영향을 미쳤다는 것을 뒷받침한다.

임상 실험 단계를 보면 심리적 암시를 질병 치료에 어떻게 이용하는지 알 수 있다. 가장 흔하게 볼 수 있는 것이 바로 심리 상담이다. 심리 상담사는 언어적 또는 비언어적 수단(언어, 손짓, 표정, 동작이나 어떤 상황 등)을 통해 함축적이고 간접적으로 피상담자의 심리와 행동에 영향을 미쳐 상담의 목적을 달성한다. 심리적 암시로 말기 암 환자를 치료한 믿기 힘든 사례도 있다.

세메튼 씨는 말기 암 환자를 치료하는 전문의다. 그는 예순한 살의 후두암 환자를 치료한 적이 있다. 당시 환자의 체중은 급격히 줄고 있었고, 암세포는 음식을 목으로 넘길 수 없을 만큼 퍼져 있었다.

세메튼 씨는 환자에게 자신이 최선을 다해 치료할 테니 함께 병마와 싸워달라고 당부했다. 그리고 모든 것을 숨김없이 말했다. 세메튼 씨는 그의 병세와 치료 방법에 대해 충분히 설명해 환자가 불안감을 가지지 않도록 하면서 치료

활동에 협조할 수 있도록 했다.

결과적으로 이 환자는 진료를 순조롭게 받을 수 있었고, 치료도 원만하게 진행되었다. 세메튼 씨는 환자에게 몸속의 백혈구가 암세포와 싸워 승리하는 상상을 하도록 유도했다. 그러자 놀랍게도 몇 주 후 암세포의 활동이 확연히 줄어들었고, 결국 그는 암을 이겨냈다. 이 기적 같은 치료 성과에 대해 세메튼 씨 역시 놀라움을 금치 못했다.

세메튼 씨는 환자에게 이렇게 말했다.

"당신은 당신이 상상하는 것보다 자신의 생명에 대해 훨씬 더 큰 지배력을 가지고 있습니다. 설령 암이라는 성가신 병도 당신이 하기에 달려 있습니다. 당신은 마음의 힘으로 당신의 생사를 결정할 수 있습니다. 심지어 당신이 살아야 겠다고 선택한다면 어떻게 살 것인지도 결정할 수 있습니다."

생명은 사실 우리 손바닥 안에 있다. 누에고치 한 마리와 애벌레, 나비 한 마리가 그려져 있는 포스터 속의 그림과 같다. 포스터 아래에는 이렇게 쓰여 있다.

"같은 인생이라면 어떤 생을 선택할 것인가? 누에고치? 애벌레? 아니면 나비? 당신이 원하는 대로 살 수 있다."

최면, 명상, 요가, 좌선 모두 심리적 암시와 관련이 있다. 마음의 힘은 매우 강하다. 긍정적인 생각을 하는지, 부정적인 생각을 하는지에 따라 한 사람의 인생이 무너질 수도, 한 사람의 생명이 살아날 수도 있다.

행복은 우리
주변에 있다

● 하버드 대학교에는 행복에 관한 철학적 의미를 담은 이야기가 전해 내려온다.

어느 날 하느님이 사람들을 행복하게 하려고 인간 세상에 내려왔다. 하느님은 한참을 걷다가 품속에 아이를 안은 여인을 만났다. 이 여인은 매우 슬픈 얼굴로 하느님에게 말했다.

"이 아이를 데리고 병원에 가는 길인데 지갑을 잃어버렸습니다. 그 돈은 저의 전 재산입니다. 아이를 병원에 데려갈 수도 없고, 집으로 돌아갈 차비도 없으니 이 비참함을 어찌하면 좋겠습니까?"

하느님은 그 여인에게 돈을 주었다. 여인은 기뻐하며 아이를 안고 병원으로 달려갔다. 이때 그 여인은 매우 행복했다.

얼마 지나지 않아 하느님은 한 농부를 만났다. 매우 근심하는 듯 보이던 농부는 눈살을 찌푸리며 하느님에게 말했다.

"제 우물이 망가졌습니다. 밭에 물을 대지 않으면 이제 막 심은 벼가 말라죽고 말 것입니다. 아무것도 수확하지 못하면 우리 집 식구들은 모두 굶어죽고 말 것입니다."

하느님은 새로운 우물을 주었다. 그는 기뻐했다. 이때 그 농부는 매우 행복했다.

저녁이 될 무렵 하느님은 한 기업가를 만났다. 이 기업가는 돈도 많고, 인물도 좋았다. 그에게는 예쁘고 현명한 아내도 있었다. 하지만 그는 행복하지 않았다. 하느님이 그에게 물었다.

"내가 도와줄 것이 있느냐?"

기업가는 탄식하며 말했다.

"저는 먹고살 걱정은 없습니다. 다 갖고 있지만 무엇인가 부족한 것처럼 마음이 허합니다. 하느님께서 이것을 주실 수 있을지 모르겠습니다."

"좋다. 말해보거라. 무엇이든지 주겠다."

이에 기업가는 매우 진지하게 말했다.

"제가 가장 갖고 싶은 것은 행복입니다."

그의 말에 하느님은 매우 난처했다. 하느님은 한참을 생각에 잠겨 있다가 이렇게 말했다.

"알겠다. 행복을 주마."

하느님은 기업가의 재산을 모두 가져가고, 그의 외모도 망가뜨렸으며, 그의 재능까지 빼앗고는 떠났다.

며칠이 지난 후 그 기업가가 생각난 하느님은 다시 그를 보러 갔다. 이제 그는 더 이상 기업가가 아니며, 예전의 풍모도 사라진 채 남루한 차림으로 담벼락 밑에 몸을 웅크리고 앉아 있었다. 하지만 그의 아름다운 아내는 그가 몰락했다고 해서 그를 떠나지 않고 그의 곁을 지키고 있었다. 그는 하느님을 발견하고는 곁에 있는 아내를 안으며 이렇게 말했다.

"감사합니다. 감사합니다, 하느님! 이제 행복이 무엇인지 깨달았습니다."

이 이야기는 실화가 아니지만 많은 하버드인에게 감명을 주었다. 그리고 행복은 단지 눈에 보이지 않아 귀하게 여겨지지 않을 뿐 사실 우리 주변에 있다는 사실을 일깨워주었다.

사람들의 기대는 자신이 발전하면서 점점 높아진다. 하지만 그들이 이미 가지고 있는 행복은 보지 못한다. 일상생활 속의 평범한 행복을 소중히 여길 줄 알아야 한다. 일상생활 속 행복은 공짜이면서 동시에 그 값을 매길 수 없다.

행복 자체에 필요한 조건은 많지 않다. 평온하고 온화하게 하루를 보내고 평화로운 날을 누리는 것은 부유하든 가난하든 상관없다. 부모, 형제지간에 정이 있고 모든 일들이 평범하게 돌아간다면 행복은 그 안에 있다.

주변에 있는 행복을 잘 잡아야 한다. 그래야 당신을 사랑하는 사람도, 당신이 사랑하는 사람도 모두 더 행복할 수 있다.

소소하지만 확실한
행복을 찾아라

● 나는 대학 졸업 후 작은 중소기업을 잠깐 다닌 적이 있는데, 그곳에서 일을 하기는 정말 쉽지 않았다. 하루 종일 정신없이 바쁘게 일했지만 월급은 많지 않았고, 방세와 공과금을 내고 나면 남은 돈은 얼마 되지 않았다. 먹고사는 일이 쉽지 않다는 것을 그때 깨달았다.

그 시절 나는 매일 이직하는 꿈을 꾸곤 했다. 하지만 그곳에서 특별한 사람을 만나는 행운을 얻었다. 회사 동료였던 그녀의 이름은 마르타였다.

마르타는 똑똑하고 능력 있는 하버드 졸업생이었다. 그녀는 항상 상사가 지시한 업무를 가장 빨리 완수하였고, 동료들과도 잘 지냈다. 명문대를 졸업한 수재가 이렇게 작은 회사에서 적은 월급을 받고 안주하는 것이 이해가 되지 않았다. 나는 궁금함을 참지 못하고 점심시간을 틈타 마르타에게 물었다. 그런데 그녀는 태연스럽게 말했다.

"우리 남편은 아주 바쁘고, 아이가 아직 어려서 이제 어린이집에 다니기 시작했는데 돌봐줄 사람이 필요하거든요. 그래서 돈을 아무리 많이 준다고 해도 아주 바쁜 회사에는 갈 수가 없어요."

다른 동료에게 들으니 마르타와 그녀의 남편은 고등학교 동창으로, 오랜 기간 연애를 했다고 한다. 하버드의 우등생이었던 그녀는 졸업을 앞두고 여러 대기업에서 스카우트 제안을 받기도 했다. 당시 마르타는 꽤 괜찮은 회사에 들어갈 수 있었다. 하지만 그녀의 남자 친구에게는 큰 행운이 따르지 않았다. 그리 좋은 대학을 나오지 못한 남자친구는 번듯한 직장을 구하기 어려웠다. 그래서 지방으로 내려가 새로운 길을 찾아보기로 결정했다. 마르타 역시 남자친구를 따라갔고, 둘은 얼마 지나지 않아 결혼을 했다.

마르타는 항상 서둘러 퇴근했으며, 집으로 가는 길에 장을 보고 어린이집에서 아이를 데리고 와 저녁 식사 준비를 하기에 바빴다. 내가 익숙하지 않은 업무 때문에 야근을 하다 마르타에게 전화를 할 때면 그녀는 늘 빨래나 청소를 하거나, 아니면 아이와 만들기 놀이를 하고 있었다.

전화를 끊기 전 내가 간혹 "남편은 뭐 하세요?"라고 물어보면 그녀는 "인터넷이요", 아니면 "자요"라고 대답했다. 그러면 나는 화가 치밀었다. 그녀가 매일 서둘러 퇴근하는 것이 대기업에 입사할 기회를 포기하게 만든 남편 때문이고, 그녀에게 잠시의 휴식도 주지 않는 가정 때문이라는 사실이 억울해 보였다. 마르타는 이렇게 고생하는데 그녀의 남편은 가사를 도울 생각조차 하지 않는 것이 너무 답답하게 느껴졌다. 더군다나 마르타의 남편은 월급도 겨우 생활을 유지할 정도만 받고 있었다. 많은 사람들이 마르타를 안타깝게 생각했지만 마르타는 남편에 대해 항상 웃으며 말했다.

"지금은 별 볼일 없어 보이지만 가능성이 큰 사람이에요. 매일 열심히 노력하고 있고, 사업도 조금씩 좋아지고 있어요. 그러니 다른 일로 신경 쓰게 하고 싶지 않아요."

한번은 마르타가 남편이 사다 준 간식을 먹어보라며 동료들에게 권했다. 그때 그녀의 얼굴에는 행복한 미소가 가득했다. 사람들 눈에 마르타의 남편은 별로 훌륭해 보이지 않았고, 그들의 현재 생활은 결코 좋아 보이지도 않았다. 하지만 마르타에게는 사랑하는 사람을 위해 음식을 하고 아이를 키우고 집안을 돌보는 생활 자체가 행복이었던 것이다.

심리학자들은 "소소한 행복은 사심 없는 헌신에서 온다"고 말한다. 마르타가 남편을 사랑한 것도 이런 소소한 행복감 때문이었다. 이 역시 하버드인 마르타의 행복 철학이다. 나는 소소한 것에서 행복을 찾을 수 있다는 것을 일깨워준 하버드인 마르타에게 감사하게 생각한다.

행복은 마음속 깊은 곳의 감정이다. 모두가 온 힘과 능력을 다해 모든 일을 다 잘할 수 있는 것은 아니지만, 조금만 이해하고 용서하면 진정한 행복을 맛볼 수 있다.

경쟁심보다
포용력을 길러라

● 하느님이 말씀하셨다.

"너의 소원을 세 가지 들어주겠다. 하지만 그중 한 가지 소원은 네가
원하는 것을 얻었을 때 너의 원수에게는 그 두 배가 돌아갈 것이다."

그는 자신의 세 가지 소원을 말했다. 첫 번째 소원은 큰 부자가 되는
것이고, 두 번째 소원도 큰 부자가 되는 것이었다. 그리고 세 번째 소원
으로는 "저를 반쯤 죽여주세요!"라고 말했다. 우스갯소리지만 실제로도
이런 사례는 어렵지 않게 볼 수 있다.

한 부부가 이혼을 했다. 법원의 판결에 따라 남편은 자신의 재산 중 절반을
아내에게 주어야 했다. 아내에게 재산을 나눠주고 싶지 않았던 남편은 고심 끝
에 수백만 달러에 달하는 집과 자동차를 겨우 10달러에 팔았다.

사람은 본래 경쟁 심리를 가지고 태어난다. 누구나 남보다 강해지려 하고, 경쟁자가 자신보다 강하다는 사실을 쉽게 인정하지 않는다. 그 때문에 이익이 상충될 때 경쟁을 택한다. 심지어 너 죽고 나 죽는 식의 경쟁도 마다하지 않는다. 양쪽 모두에게 이익이 될 때에도 사람들은 '합작'을 선택하기보다 경쟁을 우선적으로 택한다. 심리학에서는 이러한 현상을 '경쟁 우위 효과'라고 한다. 경쟁 우위 효과의 부작용을 없애려면 '윈윈 효과'를 받아들여야 한다. 합작이야말로 우리의 발전 가능성을 높여준다.

심리학자들은 소통의 부재를 사람들이 경쟁을 선택하는 중요한 원인 중 하나로 꼽는다. 만약 쌍방이 이익 분배 문제에 대해 상의하고 합의할 경우 협력의 가능성은 커진다.

누구나 자신이 남보다 강하기를 바란다. 또 경쟁자가 자신을 뛰어넘는 것을 허용하지 않는다. 그렇기 때문에 이익이 상충될 때 쌍방 모두에게 이익이 되도록 협력하는 대신 경쟁을 선택하는 것이다. 만약 그들이 협력을 선택하거나 더 강한 한쪽이 포용하는 마음으로 일을 처리한다면 많은 힘과 시간을 절약할 수 있을 것이다.

상대방을 포용하는 것은 사실 자신의 한계를 뛰어넘는 것이다. '너 죽고 나 살자', '반드시 너를 앞지르겠다'는 심리를 깨야만 포용에 이를 수 있다. 대범함과 포용력이 있다면 힘을 허투루 낭비하지 않을 것이다. 유한한 시간과 노력을 요긴한 곳에 집중하면 더 빨리 성공할 수 있다. 일상 속에서 경쟁 심리를 버리고자 노력하고 포용하는 것이 성공에 이르는 길이다.

추진력은 너무 약해도,
너무 강해도 문제

● 만약 편지를 절반밖에 쓰지 못했는데 볼펜의 잉크가 다 닳았다면 다른 펜으로 계속 쓸 것인가, 아니면 사방을 다 뒤져서라도 똑같은 펜을 찾을 것인가? 이때 펜을 찾는 데 정신이 팔려 편지에 쓸 내용을 까맣게 잊을 수도 있다. 혹시 소설에 빠져 다음 날 아침에 있을 중요한 회의를 잊고 새벽 4시까지 손에서 책을 놓지 못한 적이 있지는 않은가? 또 뜨개질에 빠져 끼니도 거른 채 몰두하다 중간에 다른 일 때문에 작업이 끊기면 기회가 될 때마다 이어서 하려 할 것이다. 하지만 정작 완성한 후에는 잘 입지도 않는다. 이러한 현상이 나타나는 이유는 한번 시작한 일은 끝을 보려는 심리 때문이다.

1927년 러시아의 심리학자 블루마 자이가르닉은 한 가지 실험을 진행했다.

그녀는 피실험자를 A그룹과 B그룹으로 나누고 동시에 그다지 어렵지 않은, 똑같은 수학문제를 풀도록 했다. 그리고 A그룹은 계속 풀어서 완료하도록 하고, B그룹은 중간에 그만두게 했다. 그런 다음 두 그룹에게 각각 계산한 문제를 기억하도록 했다. 그 결과 B그룹의 기억력이 A그룹보다 훨씬 우수하게 나타났다.

문제를 풀 때에는 온 신경을 다 기울여도 일단 문제가 해결되어 더 이상 신경 쓰지 않아도 되는 상태가 되면 금방 잊곤 한다. 하지만 아직 해결하지 못한 문제에 대해서는 온갖 방법을 동원해 그것을 풀고자 하기 때문에 계속 대뇌에 남아 있게 된다.

해결하지 못한 문제가 기억에 깊이 자리 잡는 심리 현상을 '자이가르닉 효과' 또는 '미완성 효과'라고 한다. 사람들이 완수한 일을 쉽게 잊는 것은 완수하고자 하는 동기가 이미 만족되었기 때문이다. 반면 일을 완수하지 못했을 경우에는 여전히 동기가 남아 강한 인상을 주게 된다.

게으른 작곡가의 아내가 아침마다 남편을 깨우기 위해 한 악곡의 세 화음을 피아노로 쳤다. 그러면 작곡가는 엎치락뒤치락하다가 결국 일어나서 마지막 화음 하나를 연주했다. 미완성 심리가 그를 피아노 앞에 앉혀 마지막 한 개의 화음을 완성하도록 한 것이다.

자이가르닉 효과는 대부분의 경우 임무를 완수하도록 자극하는 중요한 추진력이 된다. 하지만 어떤 사람들은 질질 끌다 결국 한 가지 일을 완수하지 못하거나, 반대로 한 번에 완수해야만 직성이 풀리는 사람도 있다. 이 두 종류의 사람 모두 임무를 완수하는 추진력을 조절할 필요가 있다.

일을 하다 항상 중도에 포기하는 것은 어쩌면 실패를 두려워하기 때문일 수도 있다. 실패가 두려운 사람은 비난을 피하기 위해 항상 한 가지 일을 완성하지 않으며 미완성인 채로 둔다. 잠재의식 속에서 자신은 성공할 수 없다고 믿기 때문에 무의식적으로 성공을 피하기도 한다. 의사인 테이크 씨는 이러한 심리를 가진 사람에게 한 가지 솔루션을 제안했다.

"만약 집중할 수 있는 시간이 10분으로 제한되고, 일은 한 시간 동안 해야 끝낼 수 있다고 가정합시다. 그렇다면 당신의 두뇌는 시작할 때의 산만한 상태에서 일을 곧 멈춰야 합니다. 이때 3분 동안 스트레칭을 하든지, 물을 한 잔 따라 마시면서 몸을 좀 움직이는 것이 좋습니다. 아니면 약간의 근력 운동을 하는 것도 좋은 방법입니다. 그런 다음 10분을 일에 온전히 투자하는 겁니다."

한 번에 하던 일을 모두 마쳐야 직성이 풀리는 사람은 불규칙적으로 생활하거나 너무 긴장하고, 또 바쁘게 생활한다. 이러한 사람들은 추진력을 조금 완화시켜야 일을 하면서 인생의 즐거움도 누릴 수 있다. 일이 끝날 때까지 쉬지 않는 사람은 일중독이다. 이러한 태도를 조금만 완화시키면 주말 동안 사무실에 가지 않고 쉬거나, 자기 회의나 긴장감 등 일중독으로 인한 문제들을 해결할 수 있다.

한 번에 하던 일을 모두 마쳐야 직성이 풀리는 사람은 중도에 멈추는 것을 피하기 위해 자신을 전혀 전망이 없는 일에 가둔다. 흥미가 열광으로 변하는 것은 일종의 경고 신호로, 과열된 '완성 추진력'이 차츰 당신의 취미활동을 지배하고 있다는 표시다.

어떤 일을 중도에 그만두는 것을 두려워할 필요 없다. 그렇다면 어떻게 해야 말의 고삐를 죄고 풀듯 '완성 추진력'을 제어할 수 있을까?

첫째, 사물을 볼 때 자신의 가치관을 기준으로 본다. 어떤 일이 끝까지 할 만한 가치가 없다면 과감하게 포기할 줄 알아야 한다.

둘째, 시간표를 만들어 반드시 해야 할 일과 소비해야 하는 시간을 모두 적는다. 그러면 정한 시간에 맞춰 일하는 능력을 키울 수 있다. 이때 기한은 마감일 이전으로 정한다. 예를 들어 2월 1일에 납부해야 할 돈이 있다면 1월 25일에 미리 납부하는 것이다.

셋째, 의지를 조금씩 강화한다. 처음에는 작은 일부터 훈련한다. 설거지통에 접시 몇 개를 남겨둔다든지, 책을 보다가 중간에 한 번씩 쉬면서 시간이나 노력을 낭비하지 않았는지 스스로 되돌아보자. 만약 스스로도 시간 낭비라고 생각한다면 계속할 필요가 없다.

심리적 건강과 육체적 건강 사이에는 중요한 관계가 있다. 밝고 긍정적인 마음가짐을 지닌다면 성공과 건강, 두 마리 토끼를 모두 잡게 될 것이다.

건강한 마음이
건강한 인생을 만든다

● 인생을 살다 보면 각종 환경의 변화를 겪기 마련이다. 좋은 환경과 나쁜 환경이 끊임없이 교차하면서 우리의 마음도 변한다. 환경을 바꿀 수는 없다. 하지만 현실을 대하는 마음, 즉 마음가짐은 바꿀 수 있다. 마음가짐은 한 사람의 행동과 사상을 통제한다. 동시에 한 사람의 시야, 사업, 성과, 심지어 일생을 결정한다.

좋은 마음가짐은 좋은 약과 같다. 경쾌한 웃음소리는 건강한 마음의 촉진제 역할을 한다. "웃으면 10년 젊어진다"는 말도 있지 않은가. 늘 얼굴을 찌푸리고 있다면 쉽게 '마음의 병'을 얻을 것이다. '몸, 정신, 마음의 병' 중 마음의 병이 가장 중요하다고 했다. 마음이 즐거워야 몸의 건강도 따라오는 것이다.

시내에서 멀리 떨어진 어느 공원 묘지에 묘를 지키는 노인이 있었다. 최근

일 년간 그는 한 달에 한 번 한 여인이 보낸 꽃을 받았다. 꽃을 보낸 여인은 노인에게 돌아가신 어머니의 성묘를 당부했다.

하루는 작은 자동차가 공원 묘지 앞에 섰다. 그리고 한 남성이 차에서 내리더니 노인의 오두막으로 걸어와 말했다.

"실례합니다. 제 누이가 뵙고 싶어 하는데요. 전해드릴 말씀이 있답니다."

노인은 그 남성을 따라 작은 자동차 옆까지 가 마침내 매달 꽃을 보낸 여인의 얼굴을 볼 수 있었다. 그 여인은 나이가 그리 많아 보이지는 않았다. 서른을 좀 넘긴 듯해 보이는 그녀는 깊은 슬픔으로 몸이 많이 쇠약해졌는지 걸을 수조차 없고, 얼굴은 근심으로 가득했다. 그 여인이 말했다.

"안녕하세요, 할아버지. 제가 어머니 성묘를 부탁하며 꽃을 보낸 사람입니다."

"걱정 마십시오. 부탁하신 대로 했습니다."

노인이 말했다.

"알고 있어요. 정말 감사합니다. 그런데 앞으로는 꽃을 보내드릴 수 없을 것 같아요. 그래도 어머니 산소를 잘 좀 돌봐주세요."

그 여인은 눈물이 가득 고인 채 말했다.

"어머니는 저희 4남매를 키우시느라 고생만 하셨어요. 저희가 효도도 하기 전에 갑자기 심장병으로 돌아가셨죠."

여인은 슬픔을 참지 못하고 소리 내어 울기 시작했다. 그녀는 일 년이라는 시간 동안 슬픔과 자책감 속에서 지낸 듯했다. 숨이 넘어갈 듯 우는 여인을 바라보면서 노인은 고개를 끄덕이며 말했다.

"걱정 말아요. 내가 여기서 일하는 날까지는 어머니 산소를 잘 관리해줄 테니."

노인이 오두막으로 돌아가려다 문득 멈추더니 고개를 돌려 말했다.

"여보시오. 당신은 어머니에게 매달 꽃을 보내주었지만 어머니는 이미 돌아가시지 않았소. 그건 변하지 않는 사실이라오. 나는 종종 고아원에 가는데 그곳에는 어머니의 사랑을 받지 못하는 아이들이 많이 있다오. 그 아이들도 꽃을 좋아하죠. 하지만 그 아이들에게 꽃을 보내주는 사람은 아무도 없소. 그 아이들이 꽃을 선물 받으면 얼마나 기뻐하겠소? 꽃은 고아원으로 보내는 게 어떻겠소?"

여인은 아무 말 없이 차 문을 닫고 돌아갔다. 그 후 꽃은 배달되지 않았다. 노인은 그 여인이 정말 세상을 떠났을지도 모른다고 생각했다. 하지만 일 년 후 여름, 작은 자동차 한 대가 공원 묘지로 들어왔고 이번에는 그 여인이 직접 문을 열었다. 그녀는 빠른 걸음으로 노인에게 다가왔다. 노인은 그녀의 표정과 얼굴이 완전히 바뀌어 깜짝 놀랐다. 일 년 전보다 대여섯 살은 어려 보였다. 그녀는 정중하게 허리를 굽혀 인사했다.

"할아버지, 감사합니다. 할아버지 말씀을 듣고 꽃을 고아원으로 보냈어요. 아이들이 꽃을 받고 무척 기뻐하더군요. 꽃을 받은 아이들은 사랑받고 있다고 느꼈고 자신감을 되찾았어요. 아이들 덕분에 제 마음도 좋아졌고 이제 몸도 완전히 회복되었어요. 할아버지께 다시 한 번 감사드리고 싶어요."

이 여인은 어머니를 잃은 슬픔 속에서 헤어나지 못했다. 몸과 마음은 점점 지쳐갔고 결국 병에 들고 말았다. 하지만 이제 그녀에게는 살아갈 희망이 생겼고, 자신의 가치도 알게 되었다. 그러자 마음에는 새로운 생명이 생겼다.

이 이야기는 마음의 건강이 얼마나 중요한지를 보여준다. 삶은 다양한 맛을 지니고 있다. 신맛, 단맛, 쓴맛, 매운맛까지 모두 맛보아야 한다. 단맛만 찾는다면 쓴맛, 매운맛, 신맛의 등장에 굉장히 실망할 것이다.

그렇다고 쓴맛만 있는 것도 비현실적이다. 심리학자들은 "생명의 본질은 마음의 즐거움을 추구하는 데 있다"고 말한다. 삶에서 만나는 모든 사람, 모든 사건에는 당신을 즐겁지 않게 하는 요소가 포함되어 있다. 그렇다고 후회하고 걱정하는 마음만 가득하다면 미래를 바꿀 수 없다.

살아가면서 우리를 실망시키는 일들은 수도 없이 많이 일어난다. 열심히 일했지만 연말에 좋은 평가를 받지 못했거나, 좋은 마음으로 남을 도와주었지만 오히려 억울하게 비난을 받는 등의 경우 마음을 적절히 컨트롤한다면 일을 효율적으로 잘 처리하며 마음도 편안해지고 몸도 건강해질 수 있다.

만약 생각할수록 화가 난다면 감정을 제어하지 못해 지나치게 흥분하게 된다. "도대체 문제는 어디에 있는 거죠?"라고 묻는다면 정답은 오직 하나다. 바로 마음에 있다. 우선 마음을 가라앉히는 것이 급선무다. 그러면 관용과 이해는 저절로 따라온다. 다른 사람을 용서하지 않는 것은 그 사람에게 계속 당신을 해칠 여지를 주는 것과 같다.

잊어야 할 것은 그만 잊고, 기억해야 할 것만 기억하자. 긍정적으로 삶을 누리며 도전을 받아들이고 어려움을 헤쳐나가자. 하버드 대학교 심리학자가 이런 말을 했다.

"좋은 마음가짐은 긍정적인 가치관을 세울 수 있도록 하며 강한 영향력을 미쳐 인생을 건강하게 만든다."

열정은 미래를 만들고, 마음은 운명을 결정한다. 건강한 몸과 마음으로 내일은 더 행복한 하루가 될 것이라고 믿자.

다수의 생각이
무조건 옳은 것은 아니다

● 당신이 횡단보도 앞에 서서 초록불이 되기를 기다리고 있다고 하자. 도로에 차가 전혀 다니지 않는 상황에서 한 사람이 빨간불을 무시하고 길을 건너는 것을 보고 두 사람, 세 사람……, 점점 많은 사람들이 따라간다면 당신은 어떻게 하겠는가? 계속 그 자리에 머물러 기다린다면 다른 사람들은 당신을 바보라고 손가락질할 것이고, 어쩌면 스스로도 그렇게 생각할지 모른다. 이것이 '동조 효과'의 가장 일반적인 예다.

동조 효과는 사람들이 알게 모르게 다수의 의견을 기준 삼아 생각하고 판단하는 심리 변화 과정으로, 정보 수집 중 다수와 일치된 심리와 행동을 취하는 경향을 말한다. 동조 효과에는 사고뿐만 아니라 행동도 포함된다.

동조 효과에 대한 실험 중 가장 널리 알려진 것이 바로 '애쉬 실험'이다.

1952년 미국의 심리학자 솔로몬 애쉬는 한 가지 실험을 구상했다. 애쉬는 사람들이 타인의 영향을 많이 받은 상태에서 본심과 다르게 명백히 잘못된 판단을 저지르는 것에 대해 연구했다.

먼저 대학생 실험 지원자들에게 이 실험은 사람의 시각에 관한 연구라는 것을 알렸다. 한 실험 참가자가 실험실에 들어갔을 때 이미 그곳에는 다섯 명의 참가자가 먼저 와 앉아 있었다. 그는 이 다섯 명이 가짜 참가자(일명 바람잡이)라는 사실을 전혀 모르고 있었다.

애쉬는 실험 참가자들에게 선의 길이를 비교하는 간단한 질문을 했다. 먼저 한 개의 선이 그어져 있는 카드를 보여주고 나서 세 개의 선이 그어져 있는 다른 카드를 보여주며 세 개의 선 중 어느 선이 첫 번째 카드의 선과 같은지 물었다. 그리고 총 18문항을 이런 식으로 진행했다. 사실 이 선들의 길이 차이는 뚜렷했다. 보통 사람이라면 누구라도 정확히 판단할 수 있었다. 하지만 다섯 명의 바람잡이는 고의로 하나를 틀리게 답했다. 그러자 많은 참가자들이 헷갈려하기 시작했다. 그들은 자신이 본 그대로 이야기했을까, 아니면 다른 사람들과 같은 답을 말했을까?

실험 결과, 33%가 다섯 명의 가짜 참가자들과 같은 선택을 했고, 76%가 최소 한 번 이상 동조했다. 정상적인 상황에서 틀린 답을 말할 확률은 1%도 되지 않았지만, 24%만이 끝까지 동조하지 않고 자신의 정확한 판단에 따라 답했다.

그렇다면 사람들은 왜 자신의 정확한 판단을 포기하고, 다른 사람들과 일치하는 틀린 답을 선택하는 걸까? 사회심리학자들은 '어떤 의견을 지지하는 사람들의 수'를 동조 행위에 영향을 미치는 가장 중요한 요소로 꼽았다. '인원수' 자체가 매우 설득력을 가지는 확실한 증거이기 때문에 모두가 같은 답을 가리키는 상황에서 자신의 의견을 고수하는 사람은 거의 없다는 것이다.

"모난 돌이 정 맞는다"라는 속담도 있듯이 흔히 다른 사람들과 다르면 엄청난 심리적 압박을 받게 된다. 한 시스템 안에서 누군가 혼자만 다르게 판단하거나 행동한다면 고립되고, 심지어 심한 벌을 받을 수도 있다.

흔히 주변 사람을 보고 자신의 행동을 결정하는 이유는 많은 사람들이 하는 행동이 바로 정답이라고 생각하기 때문이다. 이것도 완전히 틀린 말은 아니다. 여러 상황에서 대다수 사람들의 판단이 옳을 때가 많다. 주변 사람들은 중요한 안내자 역할을 해서 시행착오를 줄일 수 있게 해준다. 하지만 이로운 점이 있으면 해로운 점도 있기 마련이다. 무리에 따르는 방법이 행동의 기준점을 제공해주기도 하지만, 때로는 쉽게 오해하게 되기도 한다.

한 줄의 신문은 공인된 사실이 된다. 또 하나의 관점이 텔레비전을 빌리면 여론이 된다. 거리 시위나 대선의 분위기 몰이 등 정치적 권모술수는 모두 동조 효과를 이용한 것이다. 사람들은 자신도 모르게 다수의 의견을 기준으로 판단하고 행동하기 때문이다.

장수의 비결은
바로 마음의 평화

● 장수를 위해 가장 필요한 것은 마음의 평화다. 우리의 인생은 십중팔구 자신의 뜻대로 되지 않는다. 만약 그럴 때마다 조급하게 생각하거나 안절부절못한다면 일도, 공부도, 생활도 심각하게 방해를 받게 마련이다. 그런 시간이 길어지면 결국 건강까지도 위협받게 된다. 뜻대로 되지 않는 일들을 마음에 담아두지 않고, 긍정적이고 평온한 마음을 유지해야 면역력도 좋아지고 저항력도 강화된다. 쉽게 병을 얻지 않는 사람이 장수할 수 있다.

미국의 댈러스에 부유하기로 유명한 워런 델핀이라는 노인이 있었다. 사람들은 델핀 여사라 부르며 존경을 표했다. 델핀 여사는 110세의 고령이지만 귀도 잘 들리고 시력도 괜찮았다. 또한 정신도 맑고, 말도 잘했다. 전혀 100세 넘은 노인으로 보이지 않았다. 그녀는 언제나 사람들에게 친절했고, 말하는 태도도 온화했다. 어려움을 겪을 때면 그녀는 늘 이렇게 말했다.

"넘지 못할 장해물은 없는 거야. 손해도 복이지."

델핀 여사는 남편이 세상을 떠난 후 줄곧 아들의 가족과 한 집에 살았다. 그녀는 득실을 따지지 않았고, 남과 비교하지도 않았다. 델핀 여사는 마음이 넓어 다른 사람과 얼굴을 붉히며 싸운 적도 없었다. 그녀는 늘 평화로운 마음으로 안정적인 삶을 살았다. 다른 사람들이 싸움을 하면 그녀는 나서서 "넘지 못할 장해물이 어디 있겠어요? 할 말이 있으면 좋게 말하고 천천히 협의하면 되죠. 싸움으로는 문제를 해결하지 못해요"라고 말했다. 델핀 여사의 영향으로 주변 이웃들도 싸우지 않고 서로 잘 지냈다.

델핀 여사의 아들과 며느리, 손자와 손녀 모두 그녀를 사랑했다. 특히 그녀의 며느리는 그녀를 높이 평가하고 뜻대로 되지 않는 일이 생기면 늘 그녀와 상의했다. 그녀와 이야기를 나누다 보면 어느새 엉켜 있던 매듭이 술술 풀리는 듯했다.

하루는 델핀 여사가 퇴근하고 돌아온 며느리의 안색이 좋지 않은 것을 보고 무슨 일이 있었는지 묻자 일 때문에 동료와 다퉜다고 했다. 그녀는 말했다.

"어떤 일도 마음에 두지 말거라. 손해도 복이란다. 그저 열심히 일하면 여기서 잃은 것을 저기서 찾을 수 있는 거란다."

시어머니의 그 한마디는 마음속 응어리를 풀어주었다. 그리고 다음 날 며느리는 동료와 화해를 했다. 두 사람이 어떻게 아무 일도 없었다는 듯 잘 지내는지 동료들은 모두 궁금해했다. 델핀 여사의 며느리는 웃으며 말했다.

"우리 어머니의 평화로운 마음이 저에게도 영향을 미친 것이겠죠. 덕분에 동료와 화목하고 즐겁게 일하는 것이 얼마나 큰 행운인지 느끼게 되었어요."

평화로운 마음은 델핀 여사에게 책을 읽고 신문을 읽는 좋은 습관을 길러주었다. 그 덕분에 그녀는 좋은 기억력을 갖게 되었다. 책이나 신문에서 재미있는 이야기를 읽을 때마다 그녀는 이웃 아이들에게도 들려주었다. 델핀 여사가 문 앞에 나와 앉으면 동네 아이들이 금세 모여들었다. 델핀 여사는 이를 즐겁게 여겼다. 때때로 델핀 여사는 흥이 나서 유행가 몇 구절을 흥얼거리기도 했다. 가수처럼 잘 부르는 것은 아니었지만 매우 여운이 남았다.

평화로운 마음가짐은 델핀 여사에게 청결을 유지하는 좋은 습관도 길러주었다. 그녀는 평생 깔끔하게 살았고, 100세가 넘은 지금도 젊었을 때와 같이 매일 아침 일어나 집 안을 깔끔하게 정돈한다.

평화로운 마음가짐을 유지하는 것이야말로 장수의 중요한 비결이다. 건강하게 오래 살고 싶다면 반드시 자신의 심리 상태를 조절할 줄 아는 감정의 주인이 되어야 한다. 근심이 생겨도 해소하고, 좌절을 겪으면 굳세게 버텨 이겨내고, 질병이 생겨도 걱정하지 않아야 한다. 이는 델핀 여사가 110세가 되도록 건강을 유지하는 비결이기도 하다.

장수하는 노인에 대한 많은 연구 결과에서도 평화로운 마음가짐이 오래 살게 한다는 사실이 증명되었다. 하버드 대학교 의과대학에서 100세 노인에 대해 조사한 결과를 보면 장수 노인이 어떻게 평화로운 마음가짐을 유지하는지 알 수 있다.

우선 긍정적이어야 한다. 만약 마음에 거슬리는 일이 있다면 일단 마음의 짐을 내려놓고 책을 읽거나 글을 쓰는 것도 방법이다. 아니면 산책을 하거나 문화 활동을 하면서 마음속의 근심을 희석시켜 긍정적인 마음을 되찾는 것이 좋다.

둘째, 너그러워야 한다. 한 발만 뒤로 물러서면 파도가 잠잠해지고, 조금만 양보하면 너른 바다가 펼쳐진다. 관용은 미덕이다. 모든 증오 또는 기분 나쁜 감정은 심리적 압박을 가중시켜 건강에 해롭다. 그러므로 우리는 관용을 베풀며 나쁜 정서가 일지 않도록 노력해야 한다.

마지막으로 열정적으로 살아야 한다. 열정적으로 산다는 것은 삶의 목표가 있다는 뜻이다. 삶의 목표가 생기면 생기가 돋고 마음이 즐거워진다. 이러한 심리 상태는 인체의 각 기능이 서로 조화와 균형을 이루도록 하여 건강을 촉진한다.

마음을 평화롭게 하는 방법은 사람마다 다르다. 심리학자들은 "평화로운 마음으로 살아가는 방법을 터득한 사람이 분명 다른 사람보다 오래 산다"고 말한다. 평화로운 마음을 지닌 사람은 자신의 처지 때문에 슬퍼하거나 기뻐하지 않는다. 세상일이나 타인을 탓하며 불평하지도 않는다. 평화로운 마음을 유지하면 몸과 마음의 건강을 해치는 모든 것들은 저절로 사라지게 될 것이다.

기분 좋은 척하면
정말 기분이 좋아진다

● 마음을 좋게 먹는 것은 건강에 이롭다. 아무리 좋은 약도 이보다 좋을 수는 없다. 누구나 자신이 젊고 예쁘기를 바라고, 언제나 행복하고 즐겁기를 바란다. 하지만 삶은 변덕스럽고 넝쿨같이 엉켜 있어 풀리지 않는 매듭이 생기기 마련이다. 감정의 기복이 심한 사람이나 오랫동안 고통 속에 있던 사람은 대부분 건강에 문제가 있거나 수명이 짧다.

마음이 좋지 않을 때 스스로 자신의 감정을 제어할 수 있어야 한다. 억지로라도 한번 웃으면 인생의 괴로움이나 근심이 해결될 수 있다. 오래전에 이런 이야기를 들은 적이 있다.

한 현자가 있었는데, 그의 아내는 성격이 몹시 괴팍했다. 하루는 현자가 친구를 집에 초대했는데 두 사람이 오랜만에 만난지라 이야기가 길어졌고, 어찌다 보니 밤이 깊어졌다. 그때 아내가 다가오더니 다짜고짜 현자에게 욕을 퍼부었다. 한바탕 잔소리가 끝나자 현자는 전혀 개의치 않는다는 듯이 웃었다. 그러자 현자의 아내는 더욱 화를 내며 현자의 머리에 물을 한 바가지 퍼부었다. 그런데도 현자는 또 웃는 것이 아닌가. 현자가 말했다.

"천둥이 친 뒤에는 비가 온다는 걸 내 이미 알고 있었지."

현자는 인내와 웃음으로 갈등을 해소했다. "한때의 분함을 참으면 백날의 근심을 면한다"는 말이 있다. 다른 동물에게는 없는 인류의 특별한 재주 중 하나가 바로 '웃음'이다. 심리학자들은 "웃음으로 안 좋은 감정을 개선할 수 있다"고 말한다.

하버드 대학교 의학팀은 잘 웃는 사람이 장수하고 인간관계가 좋으며, 난관을 극복하는 능력과 개인 업무 능력이 모두 우수하다고 밝혔는데 실제로 그렇다. 그러므로 잘 웃어야 한다. 미국의학회는 매일 세 번 크게 웃고, 한 번 웃을 때마다 3분 동안 웃을 것을 권고했다. 크게 웃으면 여러 가지 장점이 있다. 웃을 때 배의 진동이 변비를 없애주고, 즐거운 마음이 편두통을 없애주며, 웃을 때 몸을 앞뒤로 크게 흔들면 등의 통증을 없애준다.

그 밖에 많은 전문가들과 학자들은 여성의 평균 수명이 남성보다 6년 더 긴 이유가 여성이 남성보다 더 잘 웃기 때문이라는 사실을 알아냈다. 남성이든 여자이든 웃이야 할 때에는 크게 웃고, 울어야 할 때에는 참지 말고 울어야 한다. 남자는 울면 안 된다고 말하는 사람이 있는데, 울 때 인체에서 해로운 독소가 배출될 뿐만 아니라 정신적인 스트레스도 해소가 된다는 사실을 알아야 한다. 그러므로 남자도 울고 싶을 때에는 울어야 한다. 우는 것과 웃는 것 모두 필요하다. 울지 않으면 나쁜 물질을 내보낼 수 없고, 웃지 않으면 좋은 물질이 나오지 않는다.

얼굴에 웃음을 띠면 기분이 저절로 좋아진다. 무엇을 보든지 좋아 보이고, 무엇을 하든지 뜻대로 된다. 하루하루를 충실하게 살고 싶다면 매일 좋은 기분을 유지해야 한다. 겸허함이 산골짜기만큼 깊은 사람은 하늘이 내린 기회 '천시(天時)'를 얻고, 매사에 청렴한 사람은 우월한 지리적 조건 '지리(地利)'를 얻고, 위험함에서 벗어나 무사하게 된 사람은 사람 간의 화합 '인화(人和)'를 얻는다. 사실 매일 즐겁게 지내는 것은 쉽지 않다. 그럴 때 가장 간단한 방법은 기분을 좋게 하는 것이다.

근심에 휩싸여 있을 때 억지로 웃으며 자신을 격려하고, 최대한 즐거운 일들을 생각하며 웃으면 정말로 기분이 좋아진다. 하버드의 한 심리학자는 "어떤 기분인 척하는 것이 정말로 그런 기분을 느끼게 한다"고 말했다.

곤경에 처했을 때에도 자신감 있는 척하고, 일이 뜻대로 되지 않을 때에도 즐거운 척해보자. 아이들이 울 때 종종 "웃어 봐!" 하고 아이들을 달랜다. 그러면 아이들도 억지로 웃다가 나중에는 진짜로 즐거워한다. 웃으면 복이 온다고 했다. 웃음으로 마음의 짐은 내려놓고 영원한 행복을 잡자!

하버드인의 행복 비법

● 하버드 대학교 교수

"욕심을 버리고 평소 운동을 하고 균형 잡힌 식사를 하며 규칙적으로 생활해야 한다. 생명을 아낄 줄 아는 사람만이 인생을 즐길 수 있다."

● 말기 암 환자를 치료하는 전문의

"당신은 당신이 상상하는 것보다 자신의 생명에 대해 훨씬 더 큰 지배력을 가지고 있다. 설령 암이라는 성가신 병도 당신이 하기에 달려 있다. 당신은 마음의 힘으로 당신의 생사를 결정할 수 있다. 심지어 당신이 살아야겠다고 선택한다면 어떻게 살 것인지도 결정할 수 있다."

● 하버드 대학교 의학팀

잘 웃는 사람이 장수하고 인간관계가 좋으며 난관을 극복하는 능력과 개인 업무 능력이 모두 우수하다는 사실을 밝혀냈다.

인간관계 심리학

사람들의 관심을
사로잡으면
인맥이 넓어진다

인맥은 한 사람의 진로와 기회를 결정하는 데 중요한 영향을 미치기도 한다.

인간관계 기술은 좋은 인맥을 형성하는 전제가 된다.

하버드인의 성공은 그들의 인간관계 기술과 매우 밀접한 관계가 있다.

하버드인의 인간관계 기술을 터득해 유익한 인맥을 형성해보자.

모든 인간관계의
기본은 신용이다

● 신용은 인간관계의 기본 원칙이자 근본이다. 신용도는 사람들에게 존중과 신뢰를 얻는 패스와 같다. 사람과 사람 사이에 우정을 맺고 유지하는 것, 조화를 이루며 공존하는 것, 소통하며 깊은 관계로 발전하는 것 등은 모두 신용을 기초로 한다. 그런데 요즘 많은 사람들이 인간관계의 근본인 신용은 뒤로하고 스킬을 통해서만 협력하고 소통하려 한다. 신용을 바탕으로 진심으로 대하는 것은 공존하며 살아가는 이 세상에서 반드시 다져야 하는 기초다.

신용은 하버드 심리학 수업에서도 중요한 부분을 차지한다.

일찍이 하버드 대학교를 졸업한 브렌트는 신용의 중요성에 대해 절실히 깨닫는 계기가 있었다. 매우 가난한 집안에서 태어난 그는 부모님을 일찍 여의고 할머니와 서로 의지하며 살았다. 어린 시절부터 브렌트는 매우 어른스럽고 총명했다. 우수한 성적으로 하버드 대학교에 입학했지만 값비싼 학비 때문에 그는 어쩔 수 없이 아르바이트를 해야 했다.

한번은 일을 마치고 집으로 돌아가는 길에 교통사고를 목격했다. 한 회사의 재무 담당자인 로라는 당시 회사의 채권을 가지고 회사에 들어가는 길이었다. 로라의 동료는 불행히도 사고 현장에서 사망하였고, 로라 역시 중상을 입어 정신을 잃고 있었다.

사고를 목격한 브렌트는 곧바로 달려가 로라를 병원으로 옮겼다. 하지만 로라는 "저는 안 되겠어요. 차 안에 채권이 들어 있는 상자가 있어요. 그걸 꼭 좀 회사로 가져다주세요"라고 말하고는 끝내 숨을 거두었다. 브렌트에게는 정말 하늘이 주신 기회였다. 그 돈은 그가 수십 년 동안 일해도 벌 수 없는 금액이었다. 그 돈만 있으면 브렌트는 더 이상 고생하지 않고 대학을 마칠 수 있었다. 하지만 브렌트는 그 돈에 욕심을 내지 않았다.

그는 항상 하버드에 입학할 당시 들었던 총장님의 말씀을 기억했다.

"자신에게 하듯이 남에게도 진심을 다해야 합니다. 여러분은 어느 누구라도 속일 수 있을지 몰라도 자기 자신은 결코 속일 수 없습니다."

브렌트는 로라의 말대로 채권 상자를 회사에 가져다주었다. 몹시 당황스러워하며 전전긍긍하던 사장은 브렌트를 보고 매우 감격했고, 그의 손을 잡고 몇 번이고 감사 인사를 하며 반드시 보답하겠다고 약속했다. 결과는 짐작하는 대로다. 브렌트는 학업을 잘 마치고, 그가 얼마나 신뢰할 수 있는 사람인지 보여준 이 일화 덕분에 여러 회사에서 그에게 손을 내밀어 아주 좋은 회사에 입사할 수 있었다.

만약 브렌트가 하버드의 신용 교육을 받지 못했다면 어땠을까? 어쩌면 그 돈을 몰래 가져가 결말이 전혀 달라졌을 수도 있다. '신용보다 더 좋은 것은 없다.' 이것이야말로 인간관계의 근본이다.

신용은 얼굴과 같다. 신용은 우리의 인품과 품행을 나타낸다. 인간관계에 신용이 없다면 이 사회는 존재할 수 없을 것이다. 얕은꾀는 일시적인 승리만을 가져다줄 뿐 진정한 성공은 반드시 신용 위에만 세울 수 있다. 그러므로 사람을 대할 때 반드시 신용을 생각해야 한다. 누구에게나 브렌트와 같은 기회가 올 것이라고 보장할 수는 없다. 하지만 브렌트의 인품을 배우고 그의 하버드 정신을 배운다면 누구나 진심으로 사람을 대하고 진심으로 감동을 주는 하버드 정신의 계승자가 될 수 있다.

상대가 좋아하는 것을
찾아내라

● 사회라는 커다란 무대에서 우리가 연극을 잘하기 위해서는 다른 사람들과 잘 지내는 방법을 배워야 한다. 이 연극은 한 사람의 생존과 발전을 잇는 데 꼭 필요한 통로다.

훌륭한 공연은 모든 것이 순조롭게 이어지는 것처럼 보인다. 하지만 무대 위의 1분을 위해서는 많은 노력이 필요하다. 뛰어난 연기는 감독과 배우가 수십 번 연습한 결과다. 자연스러워 보이는 동작 하나하나도 모두 수십 번씩 연습한 것이다. 일에서의 실적 역시 우연이 아닌 모두의 지혜와 노력으로 이루어진 것이다.

누구나 성공을 갈망한다. 그런데 성공을 위해서는 여러 방면으로 도움을 받아야 한다. 그렇다면 그런 도움은 어떻게 얻을 수 있을까? 이것은 인간관계 기술과도 관련이 있다. 작은 심리적 기술이 어떻게 인간관계를 넓혀주는지 알면 사업의 성공까지 이끌어낼 수 있다.

하버드 대학교를 막 졸업한 포드만은 세계 500대 기업에 드는 회사의 프로 젝트 사업부에 입사했다. 포드만과 그의 동료 리스는 이 회사의 새로운 두 프 로젝트 업무를 맡았다. 둘은 이 프로젝트 때문에 골머리를 앓았다. 하지만 한 달이 지나도록 어떤 결실도 맺지 못했고, 심지어 아무런 진전도 보이지 않았다. 여기에는 많은 이유가 있었는데, 그중 가장 큰 이유는 경쟁 상대가 만만치 않 았고 이 프로젝트가 상대 회사에게는 주요 사업이 아니기 때문이었다. 상대 회 사의 경영자는 이 프로젝트에 큰 관심을 두지 않았고, 담당 팀장도 더 중요한 다른 일에 몰두했다.

통찰력과 재능이 뛰어났던 포드만은 괴로웠다. 이 국면을 돌파할 기회는 보 이지 않고, 프로젝트의 성공 가능성은 낮다는 것을 직감했다. 하지만 이것이 자 신의 회사에서는 중요한 사업이었고, 그만큼 그에게 큰 기대를 걸고 있었기 때 문에 포기하고 싶지 않았다.

어느 금요일 오전, 포드만은 마음을 다잡고 다시 그 회사를 찾아갔다. 그가 담당 팀장의 사무실 문 앞까지 걸어가자 비서가 그를 막았다. 그녀는 포드만이 이번에는 또 무슨 일로 왔는지 정중하게 물었다. 그러고는 웃으며 말했다.

"미리 말씀드리지만, 이번에도 그 프로젝트 때문에 오신 거라면 아무 수확도 얻지 못할 거예요."

하지만 포드만은 정중하게 대답했다.

"번거로우시겠지만 팀장님을 뵐 수 있도록 말씀 좀 전해주시겠어요?"

그러자 비서는 문을 열고 팀장에게 말했다.

"팀장님, 오늘 우편물을 정리하다가 아드님이 요새 수집하는 우표를 발견했 어요. 오늘 퇴근 전에 사무실로 가져다드릴게요."

포드만은 근엄하던 팀장의 얼굴에 갑자기 화색이 도는 것을 발견했다.

"수고했어요. 고마워요!"

포드만은 순간 좋은 생각이 떠올랐다. 비서가 나간 뒤 포드만은 팀장의 책상 앞으로 다가갔다. 팀장은 포드만을 보자마자 싫은 내색을 비쳤다. 하지만 애써 예의를 갖추며 "앉아요"라고 말했다. 포드만은 자리에 앉으며 입을 열었다.

"제가 희귀한 우표를 좀 가지고 있는데, 아드님이 좋아하실지 모르겠네요. 아드님이 어떤 우표를 수집하는지 알려주시면 다음 번 방문 때 제가 괜찮은 것들로 골라서 가져다 드릴게요. 아마 아드님이 좋아하실 것 같습니다."

팀장은 포드만의 말을 듣고는 반색하며 자리에서 일어났다. 그리고 반갑게 포드만과 악수를 하고 차를 따라주었다. 그는 열여섯 살짜리 아들이 어쩌다 우표 수집에 빠지게 되었는지 이야기하기 시작했다. 그렇게 몇 시간이 지나 어느덧 점심시간이 다 되었다. 팀장은 포드만에게 함께 점심을 먹자고 제안했지만, 포드만은 완곡하게 사양하면서 내일 우표를 가지고 다시 오겠다고 말하며 사무실을 나왔다. 이번 방문은 분명 다른 때와 달랐다. 예전에는 방문하면 프로젝트에 관한 이야기만 했지만 이날은 프로젝트에 대한 이야기는 전혀 꺼내지 않았다. 하지만 포드만은 이 프로젝트의 성공을 확신했다.

포드만이 팀장에게 우표 이야기를 한 것은 다분히 고의적이었다. 그는 비서가 아들의 우표 이야기를 꺼내자 팀장의 표정이 바뀌는 것을 예의주시했다. 그는 순간 이것이 팀장의 감성을 자극할 수 있는 좋은 방법이라고 생각했다. 그래서 일부러 팀장에게 아들이 좋아하는 우표가 있다는 말을 했고, 그 후 팀장과의 관계가 한결 가까워졌다.

다음 날 포드만이 팀장의 사무실 입구에 도착했을 때 팀장은 일어나 그를 맞이해주었다. 포드만은 어제 하루 동안 회사의 각 부서를 돌아다니며 모은 귀한 우표를 꺼냈다. 팀장은 포드만에게 몇 번이나 고맙다고 말했다. 그들이 이야기를 나누는 사이 다른 손님이 찾아왔지만 팀장은 지금 귀한 손님이 와 있으니 잠시 휴게실에서 기다려 달라고 했다. 우표를 다 본 후 팀장은 갑자기 포드만에게 서류를 건네며 말했다.

"자네가 전에 말한 그 프로젝트, 자네 회사와 협력하기로 결정했네. 우리는 다 서명했네. 자네 회사에서 사인만 하면 되네."

포드만은 일어나 감사를 표했다. 그러자 팀장은 이렇게 말했다.

"내가 고맙지. 우리 아들이 이 우표를 2년 동안이나 찾았네. 오늘 이것을 가져다주면 틀림없이 신이 나서 폴짝폴짝 뛸 걸세. 자네한테 그 프로젝트가 중요한 것을 알고 있네. 그래서 이렇게 고마움을 표시하는 걸세. 이걸로 고마움을 다 전하기에도 부족하지."

이렇게 포드만은 프로젝트도 성공하고, 그 팀장과도 좋은 관계를 맺었다. 한편 결국 실패하고 만 리스가 성공 비결을 물었을 때 포드만은 이렇게 말했다.

"상대방이 좋아하는 것을 주의 깊게 살피고, 적절한 타이밍에 무심한 듯이 이야기를 꺼냈더니 사이도 한결 가까워지고 프로젝트도 성공할 수 있었어. 타이밍을 잘 잡고 움직이는 게 인간관계에서는 중요하지."

포드만은 하버드인의 지혜와 융통성 있는 사교 방법으로 성공을 거두었다. 일상생활에서 우리는 난공불락의 보루 때문에 머리를 쥐어짤 때가 있다. 이럴 때 포드만의 방법을 잘 기억해두었다가 활용하면 분명 큰 성과를 거둘 수 있을 것이다.

적당히 거리를
유지하는 것이 좋다

● 흰 눈이 펑펑 내리는 겨울, 덜덜 떨던 고슴도치 두 마리가 서로 꼭 안아 온기를 나누려 했다. 하지만 서로의 몸에 난 가시 때문에 세게 안으면 안을수록 상대방을 아프게 했다. 그렇다고 서로 떨어지면 얼어 죽게 될 것이 뻔했다. 두 마리의 고슴도치는 안았다 떨어지기를 몇 차례 반복하다 서로 온기를 유지하면서도 아프지 않게 하는 거리를 찾았고 그제야 편안하게 잠들 수 있었다. 심리학에서는 이것을 '고슴도치 효과(hedgehog effect)'라고 한다. 직장에서 동료 사이든 상사와 부하 사이든, 서로 온기를 나누는 두 마리의 고슴도치처럼 거리를 적절히 조절해야만 완벽한 상태에 이를 수 있다.

평범한 직장인인 티나는 다소 이기적이고, 대화할 때나 일을 할 때 부주의하여 종종 화를 초래했다. 한번은 여러 동료들이 있는 자리에서 조금의 거리낌도 없이 앤지에게 물었다.

"요즘 배가 나온 것 같은데? 임신한 거 아니야?"

앤지의 얼굴에는 당황스러워하는 기색이 역력했다. 앤지는 간신히 "체중 관리를 못했단 뜻이지?"라고 말하며 상황을 모면했지만 쥐구멍에라도 들어가고 싶은 심정이었다. 티나는 사람 많은 곳에서 앤지의 아픈 곳을 들춰내 웃음거리로 만들었다. 이 일로 좋았던 둘의 사이는 아주 불편하게 되었다.

심리학자들은 "사람과 사람 사이에는 서로 상처를 주지 않는 적절한 거리가 필요하다. 이 거리를 유지하면서 함께 살아가는 목적을 이룰 수 있도록 해야 한다"고 강조한다. 상사와 부하 사이에서도 적절한 심리적 거리를 유지해야 일을 하면서 원칙에서 벗어나는 실수를 예방할 수 있다.

크리스마스가 다가올 무렵, 사장과 전 직원이 함께 모여 저녁을 먹기로 했다. 사장은 메뉴판을 비서에게 건넸다. 비서는 'N+1'로 주문했다. 이렇게 하면 너무 초라해 보이지도 않고, 너무 과하지도 않을 것이라고 생각했다. 그런데 주문을 거의 다 했을 때쯤 아직 술을 시키지 않은 것이 생각났다. 비서는 남자 직원이 이렇게 많은데 술이 빠지면 안 될 것 같아 다시 웨이터를 불러 술을 주문했다.

"브랜디 두 병 주세요!"

그러자 사장의 얼굴빛이 변했다.

직장생활에서 적절한 거리를 유지하는 것은 자신을 위한 것이기도 하고, 일종의 미덕이기도 하다. 아무리 편해도 사장은 사장이다. 비서는 어떤 일이라도 먼저 사장의 의견을 묻고 결정했어야 했다.

안개 속에서 꽃을 보거나, 물속에서 달을 보는 것은 거리의 미를 깨닫게 해준다. 사람과 사람이 함께할 때 역시 일정한 공간이 필요하다. 지나치게 가까워져 언행의 부주의로 감정을 상하게 하는 일은 없어야 한다.

직장에서 만난 사람들은 모두 서로 다른 환경에서 살아왔고, 서로 다른 교육을 받았다. 관계가 아무리 친밀해도 정도를 넘어서면 문제가 생길 수 있다. 하버드의 한 심리학자는 "사람이 가장 취약한 것이 감정이다. 너무 소원해지면 감정이 메마르고, 너무 가까워지면 심리적인 피로를 느끼게 한다. 적당한 거리를 유지해야만 좋은 관계를 유지할 수 있다"고 말했다.

인간관계에 있어서 적당한 거리는 일종의 미덕이며, 보호 장치다. 적당한 거리를 유지하면 서로의 마음에 공간이 생기고, 이 공간에 이해와 포용을 담을 수 있다. 이로써 갈등은 피하고 서로의 소중함을 알게 된다면 직장에서 더욱 자유롭게 실력을 발휘할 수 있을 것이다.

상대의 마음을 사로잡는
경청의 힘

● 인간관계에서 대화는 매우 중요하다. 그리고 상대가 이야기할 때에는 경청하는 자세가 필요하다. 진지하게 귀 기울여 상대방의 털어놓고자 하는 욕구를 만족시켜준다면 분명 그 사람의 마음을 얻을 수 있을 것이다.

경청을 하려면 일종의 인내심이 필요하다. 많은 사람들이 자신의 이야기를 하는 데에만 열중하고 다른 사람의 이야기를 들어주는 것은 소홀히 한다. 이렇게 되면 자신이 하고 싶은 말을 다 하더라도 좋은 결과를 기대하기 어렵다. 심지어 시종일관 자기 자랑만 늘어놓는다거나, 어떤 제품을 지나치게 홍보한다면 절대로 상대방의 마음을 얻지 못할 것이다. 또한 상대방은 말할 기회를 잃어 대화에 흥미를 잃을 수 있다. 이러한 대화는 친한 사람들끼리 수다를 떨 때에는 상관없지만, 업무나 공식적인 자리에서는 하책(下策)에 불과하다. 사람과 사람 사이의 교류에서 상책(上策)은 바로 경청이다.

한 시간 동안 상대방의 말을 경청하고, 마지막 10분 동안 자신이 하고자 하는 말을 전달해보자. 시간의 비율로 따지면 어림없을 것 같지만 이는 기적과 같은 결과를 가져온다. 당신이 경청하면 상대방은 자신이 존중받고 있다고 느낀다. 이때 당신이 짧은 시간을 적절히 활용하여 자신의 생각을 전한다면 상대방은 우호적인 반응을 보일 것이다.

어떤 사람은 경청을 단순한 '듣기'와 혼돈하기도 한다. 그리고 얼마든지 들어줄 테니 맘껏 털어놓으라는 자세를 취한다. 이렇게 하면 상대방의 말은 많이 들을지 몰라도 상대방의 마음은 이해할 수 없다. 이야기를 실컷 듣고도 당신이 이해를 하지 못한다면 상대방은 무시당했다고 느껴 상처를 받을 수 있다. 당신의 고객에게 그런 식으로 대한다면 단언하건대 당신은 절대로 그에게 사인을 받을 수 없을 것이다.

가장 가치 있는 경청은 '이해'다. 경청은 단지 잘 듣는 시늉을 하는 것이 아니다. 진심으로 귀 기울여 들으면서 적절히 질문을 하면 상대방은 당신이 그 이야기에 매우 관심을 가지고 상세한 내용을 알고 싶어 한다고 느낄 것이다. 상대방의 이야기에 영 관심이 없다면 계속 듣지 말고 질문을 하는 방식으로 조금씩 화제를 전환하는 것도 좋은 방법이다. 그러면 당신도 관심을 가지고 있는 화제로 유도할 수 있다. 대화가 순조롭게 당신이 말하고자 하는 화제로 옮겨졌다면 당신은 기회를 틈타 요구하는 바를 말할 수 있을 것이다. 이렇게 요구를 전달하는 것이 단도직입적으로 요구사항을 말했을 때보다 성공할 확률이 훨씬 높다.

다음의 장과 로드의 마케팅 사례를 보면 경청이 얼마나 중요한지 알 수 있다.

장은 하이얼 그룹의 매출 총책임자다. 그의 뛰어난 능력과 재능은 회사에서 따라올 자가 없었다. 그는 해마다 매출 실적 1등도 놓치지 않았다.

일부 제품을 한국의 한 회사에 판매하고자 했을 때였다. 경쟁 상대는 모두 지명도가 낮고 규모도 작은 전자회사였다. 장과 그의 동료는 이번 수주를 이미 따놓은 것이나 다름없다고 생각했다. 협상은 역시나 순조롭게 진행되었다. 오늘 하는 마지막 협상에서 이변이 없다면 계약서에 사인을 받을 수 있었다. 하지만 협상이 막 시작되었을 때 한국의 구매 담당자는 장에게 계약 체결을 좀 더 고려해야겠다고 말했다. 예정대로 오늘 계약을 할 수 없게 된 것이었다. 장은 잠시 어리둥절해졌다. 그는 영문도 모른 채 상대방에게 그렇게 하라고 말했다.

협상은 시작되자마자 허무하게 끝나버렸다. 장은 도대체 무슨 일 때문에 상대방이 결정을 보류하게 되었는지 궁금했다. 보아하니 상대방의 마음은 이미 돌아선 것 같았다. 장은 온갖 수단과 방법을 동원한 끝에 이틀 뒤 무슨 일 때문이었는지 알게 되었다. 알고 보니 그들의 사업을 낚아채간 상대는 이제 막 신규 등록을 마친 작은 가전 대리 회사였다. 그 회사 대표의 이름은 로드로, 본적이 상하이인 중국계 미국인이었고 하버드 경영학과 출신이었다. 하지만 들리는 소문에 따르면 말솜씨는 없는 듯했다. 이제 막 등록을 마친 작은 회사의 하버드 출신 젊은이가 어떻게 하이얼이라는 강자를 상대할 수 있었을까?

이런저런 의문을 품고 있던 장은 다시 한 번 한국 측 대표와 협상을 하게 되었다. 협상의 주제는 '협력을 확정 짓는 마지막 조건'이었다. 한국 측 대표가 회의장에 들어서자마자 장은 단도직입적으로 말했다.

"귀사가 계약 체결을 미룬 이유를 이미 알고 있습니다. 최종적인 계약 체결 여부를 떠나 하이얼의 실력과 재력으로 이제 막 등록을 마친 새내기 회사에게 이런 위협을 당한 것만으로도 우리는 이미 진 것이나 다름없습니다. 제가 진 이유가 회사의 재력이나 품질 문제 때문이 아니라는 것을 알고 있습니다. 저는 진짜 이유가 알고 싶습니다. 솔직하게 말씀해주십시오."

한국 측 대표는 장의 진정성을 보고 더 이상 숨길 수가 없었다.

"당신이 진 이유는 딱 하나입니다. 하이얼은 회사의 제품이나 실력, 재력 모두 이상적입니다. 하지만 당신은 경청을 하지 못했습니다. 설사 사업 협력이라고 하더라도 결정권자의 반응이 상당한 역할을 합니다. 우리는 로드라는 하버드 출신의 인재에게 깊은 감명을 받았습니다. 그래서 처음에 내린 결정이 흔들렸고, 로드와 협력하고 싶다는 생각이 들었습니다."

장은 의심스러운 듯 되물었다.

"경청이요?"

한국 측 대표는 차근히 설명했다.

"네, 경청이요. 누구나 거창한 청사진을 가지고 있습니다. 모두 자기만의 철학이 있죠. 그것을 이해해주고, 경청해주는 사람이 필요해요. 마음을 교류할 수 있는 파트너가 필요합니다. 그런데 그 하버드생이 바로 우리 측 결정권자의 이런 심리를 잘 이용한 거죠. 그는 미팅을 허락받은 후 세 시간 동안이나 우리 측 결정권자의 마케팅 철학과 꿈에 대해 듣고 갔어요. 로드가 두 번째로 우리 결정권자를 만났을 때 그는 이미 VIP 자격으로 참석했죠. 이때 로드는 우리 결정권자의 철학으로 자기 회사의 가전을 성공적으로 판매하겠다고 말했습니다.

사실 우리의 결정에 영향을 준 것은 제품 자체가 아니에요. 다름 아닌 세 시간 동안의 경청이 유일한 이유입니다."

경청은 마치 물리학에서의 가변저항기(전류의 흐름을 조절하는 장치)와 같이 수시로 상대방의 공감을 조정하여 상대방의 결정을 바꾸도록 할 수 있다. 이를 통해 경제적인 성과를 거두는 동시에 자신감과 성공도 얻을 수 있다. 일에서나 일상생활에서나 우리는 하버드생 로드처럼 자신의 지혜와 인내심을 다해 상대방의 말에 귀 기울여야 한다. 그것은 성공을 위한 결정적인 한 걸음이 될 것이다.

내가 싫어하면
그도 나를 싫어한다

● 한 하버드생이 내게 이런 이야기를 들려준 적이 있다.

어느 노인이 교외의 길가에 앉아 조용히 햇볕을 쬐고 있었다. 그때 마을을 찾은 한 이방인이 차를 세우더니 문을 열고 노인에게 물었다.

"선생님, 이 마을 이름이 뭐죠? 여기 주민들은 어떤 사람들입니까? 제가 새로 살 곳을 알아보고 있거든요."

노인은 고개를 들어 이방인을 보고는 대답했다.

"자네가 지금 살고 있는 곳의 사람들은 어떤지 말해줄 수 있겠나?"

이방인이 말했다.

"그들은 예의도 없고 이기적입니다. 그곳에서 살기가 정말 힘들었죠. 즐거운 일이라곤 손톱만큼도 없었습니다. 그래서 이사를 결심했죠."

이방인의 말을 듣고 노인이 말했다.

"여보게, 자네는 아마 또 실망할 걸세. 이곳 사람들도 그들과 똑같다네."

이 말을 들은 이방인은 차를 몰고 떠났다. 시간이 조금 지난 후 다른 이방인이 이 마을에 찾아와 노인에게 똑같은 질문을 했다.

"여기 주민들은 어떤 사람들입니까?"

이번에도 노인은 역시 똑같이 물었다.

"자네가 지금 살고 있는 곳의 사람들은 어떤가?"

이방인이 대답했다.

"아! 그곳 사람들은 매우 친절하고 착합니다. 저와 저희 가족 모두 그곳에서 아름다운 시간을 보냈죠. 하지만 직장 때문에 어쩔 수 없이 이사를 하게 되었습니다. 지금 살고 있는 마을과 똑같은 곳을 찾고 있습니다."

노인이 말했다.

"자네는 행운아일세, 젊은이. 이곳에 사는 사람들 모두 자네가 지금 살고 있는 곳 사람들과 똑같다네. 자네 마음에도 들 걸세. 그들도 자네를 좋아하게 될 테고."

다른 사람을 보는 것은 거울을 보는 것과 같다. 내 눈에 보이는 것은 모두 나 자신과 똑같다. 내가 누군가를 좋아한다면 그 사람도 나를 좋아할 것이고, 내가 누군가를 싫어한다면 그 사람도 나를 싫어할 것이다.

우리는 모두 천사와 같이 친절하고 선량한 사람이 행운과 기쁨을 가져다주긴 바라고, 냉정하고 아랄한 사람은 두려워한다. 하지만 현실 세계에서 천사와 악마는 늘 함께 존재한다. 선량한 천사도 때로는 악마처럼 변할 수 있고, 흉악한 악마도 때로는 천사와 같이 변할 수 있다. 그렇다면 악마를 피하고 천사를 만나기 위해서는 어떻게 해야 할까? 심리학자들은 "마주치는 사람을 천사라고 상상하면 악마를 피할 수 있다"고 말한다. 이것은 과학적인 실험으로도 증명된 사실이다.

한 심리학자가 두 그룹으로 나누어 한 여성에게 전화를 거는 실험을 했다. 첫 번째 그룹에게는 상대방이 냉혹하고 고지식하며 무미건조하고 따분한 여성이라고 알렸다. 그리고 두 번째 그룹에게는 상대방이 매우 친절하고 활달하며 밝고 유머 있는 여성이라고 알렸다. 결과적으로 첫 번째 그룹의 참가자들은 이 여성과 순조롭게 대화를 이어가기 어려웠다. 반면 두 번째 그룹의 참가자들은 이 여성과 대화가 잘 통해 통화 시간이 첫 번째 그룹보다 길었다.

왜 그랬을까? 이유는 간단하다. 두 번째 그룹의 참가자들은 이 여성을 친절하고 활달하며 밝고 유머 있는 사람으로 생각해 그와 똑같은 태도로 이야기를 했기 때문에 대화가 순조롭게 이어졌고, 첫 번째 그룹의 참가자들은 그 반대였던 것이다.

상대방을 악마로 생각하면 당연히 악마를 만나게 되고, 상대방을 천사로 생각하면 악마는 만날 수 없다. 왜 그럴까? 사람들은 누구나 심리적 균형을 유지하고 싶어 하기 때문이다. 당신이 상대방을 어떻게 보느냐에 따라 상대방이 당신을 대하는 태도도 달라진다. 그렇지 않으면 상대방은 불균형을 느끼게 된다. 만약 당신이 상대방에 대해 부정적인 인식을 갖는다면 이러한 생각은 무의식중에 드러나고, 당신의 언어나 태도에 많든 적든 드러나게 되어 있다. 그러면 상대방은 당신의 태도에 상응하는 반응을 보이게 되는 것이다. 누군가 이런 말을 했다.

"당신이 다른 사람을 대하는 태도는 그들이 당신을 대하는 태도와 같다. 우리는 종종 다른 사람의 얼굴에서 자신의 표정을 읽을 수 있다."

흔히 자신의 상황에 불만이 있거나 주변 사람들과 잘 맞지 않으면 일하는 환경을 바꾸거나 새로운 사람을 만나 그러한 현실에서 벗어나려고 한다. 인간관계가 원만하지 않거나 직장 일이 뜻대로 되지 않는 원인이 자신에게 있는지, 아니면 다른 사람 때문인지는 좀처럼 되돌아보지 않는다.

만약 그 원인이 자신에게 있다면 자신을 바꾸는 것만이 문제를 해결할 유일한 방법이 된다. 그저 직장을 바꾸고, 새로운 사람을 만나는 것은 문제 해결에 아무런 도움이 되지 않는다. 시시각각 자신을 채찍질하는 사람만이 사회에서 불패의 자리에 설 수 있으며, 사업에서도 눈부신 성과를 거둘 수 있다.

다른 사람을 보는 것은 거울을 보는 것과 같아서 내 눈에 보이는 것은 모두 나의 모습과 같다. 내가 세상을 어떻게 보느냐에 따라 세상이 나를 보는 태도도 달라질 것이다. 내가 그런 사람이면 나의 세계도 그런 것이다. 내가 누군가를 좋아하면 그도 나를 좋아할 것이고, 내가 누군가를 싫어하면 그도 나를 싫어할 것이다.

적을 만들지 않는
유일한 방법, 소통

● 일을 하다 보면 마치 천적처럼 매사에 나와 맞지 않는
사람이 있다. 그의 말, 일하는 방식 모두 마음에 들지 않고, 너무 밉살스
러워서 협력은커녕 같은 사무실에 앉아 있는 것조차 싫어질 때가 있다.
실제로 이런 상황에 놓인다면 정말 난감할 것이다. 이럴 때 가장 필요한
것이 소통이다. 특히 소통을 잘하는 방법을 터득하는 것이 관건이다. 효
과적으로 소통한다면 전쟁을 평화로 바꾸는 효과를 기대할 수 있다. 이
것은 직장에서 살아남기 위한 필수 과목이다.

몇 년 전 만난 이 사람은 내 맞은편에 앉아 일을 했다. 그런데 그는 어떤 문
제에 대해 이야기를 할 때마다 항상 나와 반대 의견을 내놓았다. 처음에는 인
식하지 못하다가 자꾸 이런 상황이 반복되다 보니 이상하게 여겨졌다. 내 앞에
서 큰 산처럼 나를 가로막고 앉아 있어서 숨이 막힐 지경이었다. 그의 그림자

만 봐도 도망치고 싶었다. 그가 다른 부서로 이동하는 꿈까지 꿀 정도였다. 안타깝게도 그건 꿈일 뿐 다음 날 아침이면 또다시 지긋지긋한 그를 만나야 했고, 나는 폭발하기 직전에 이르렀다.

하루는 회사 대표가 어떤 기획안에 대해 조를 나눠 토의를 하자고 제안했다. 그런데 도대체 무슨 생각인지 굳이 나와 그를 한 조에서 토론하게 했다. 정말 숨통이 막혔다. 하지만 일을 안 할 수는 없으니 함께 앉아 토론을 해야 했다. 그의 표정은 냉담했다. 그는 내 의견에 반대 의견을 내놓을 것이 분명했다. 우리는 한참을 말없이 벽만 바라보았다.

'흥, 말하기 싫으면 하지 말라지. 그냥 이렇게 시간이나 때우지 뭐. 책임감도 없는 사람 같으니라고. 일만 아니었으면 당신 같은 사람이랑은 말도 안 했을걸.'

나는 속으로 이렇게 생각했다. 그런데 이렇게 말없이 앉아 있자니 마음이 점점 더 괴로워졌다. 계속 이렇게 가만히 있을 수만은 없었다. 나는 결국 참지 못하고 손가락으로 책상 위의 기획안을 가리키며 거칠게 말했다.

"도대체 무슨 생각인 거예요?"

"저야말로 묻고 싶네요. 제가 말해봤자 무슨 소용 있겠어요? 무슨 얘길 해도 동의하지 않으시잖아요! 하고 싶은 대로 하세요."

그는 이렇게 말하고는 나를 쳐다보지도 않고 의자에 기대어 앉았다. 그는 이미 내가 그를 싫어한다는 사실을 알고 있었던 것이다. 나도 물론 순순히 물러서지 않았다. 나는 목소리를 높여 말했다.

"평소에 내가 말하는 것마다 다 빈대하잖아요? 내가 뭐라고 밀하면 또 반대할 거면서."

"기획안만 아니었으면 저도 모른 척했을 겁니다. 선배님이 저한테 대하듯이요."

그도 화를 내며 말했다. 순간 나는 깜짝 놀랐다. 그것은 내가 할 말이었다. 우리는 서로에게 같은 태도로 대하고, 전달하는 방식마저 같았다. 내 감정이 그에게도 전달되고, 그도 똑같이 나를 대한 것이었다. 한쪽 손만으로는 박수 소리가 나지 않는 법, 한 사람만 탓할 수는 없었다. 이제 그와 분명히 이야기를 해야 했다.

"원래 다른 감정은 없었어요. 지난번 다 함께 이야기할 때 나는 자동차 기름 값이 하락할 것 같다고 말했는데, 그럴 리 없다면서 여러 이유를 대며 조목조목 따졌었죠. 전 단지 제 의견을 얘기했을 뿐인데 그게 그렇게 이러쿵저러쿵 평가받을 일이었습니까?"

"저도 제 개인적인 생각을 이야기했을 뿐입니다. 선배님이 하는 말이 무조건 맞는 것은 아니잖습니까? 다른 사람들도 다 자기 의견을 말했는데, 왜 저에게만 그러세요?"

그는 약간 흥분한 상태로 대답했다. 그렇다. 왜 그의 말에만 신경을 곤두세웠을까? 찬찬히 생각해보니 그는 나를 비방하지도, 직접적으로 인신공격을 하지도 않았다. 그전에 원수를 진 일도 없다. 그렇다면 내 마음속에서는 왜 이 총성 없는 전쟁이 일어났던 것일까? 이렇게 생각하게 된 나는 진지하게 말했다.

"고의는 아니었어요. 우리 사이에 커다란 장벽이 있는 것도 아닌데, 내가 왜 적대감을 갖겠어요? 아마 제 표현 방식에 문제가 있어서 오해를 일으켰던 것 같아요."

"저도 오래 생각해보았지만 우리가 서로 날을 세우는 이유를 찾을 수 없었어요."

그가 말했다.

"아마도 우리는 스스로를 괴롭힌 것 같네요. 사실 아무 소용도 없는데······. 함께 일하는 것도 어찌 보면 인연 아니겠어요?"

그 순간 갑자기 주변 공기가 따뜻해졌다. 내 기분도 덩달아 후련해졌다. 오랫동안 이어졌던 갈등이 해소되었고, 나는 마침내 그를 바라볼 수 있게 되었다. 그도 괴로웠던 것이다. 내가 그에게 반감을 가졌듯이 그도 나에게 반감을 가지고 있었다.

나는 이 일 이후 다시는 그런 심리적 전쟁을 하지 않았다. 의견이 다르다고 싫어하지도 않았고, 오히려 토론할 수 있는 친구가 생겨서 좋았다. 말다툼이 되레 감정을 나누는 방식이 된 것이다.

어떤 일이든 방향을 바꾸어 생각해보면 답이 완전히 달라진다. 하버드의 한 심리학자가 이런 말을 했다.

"모든 사람은 다양성을 가지고 있다. 어두운 각도에서 바라보면 부족한 면이 보이고, 밝은 각도에서 바라보면 장점이 보인다. 적절한 소통이야말로 타인의 생각을 충분히 이해할 수 있게 해준다. 이렇게 하면 복잡한 관계도 간단해진다."

사실 마음과 마음의 거리는 종이 한 장 차이다. 소통으로 이 종이를 뚫으면 갈등은 저절로 해소된다.

잘 웃는 사람은
어디서나 환영받는다

● 얼굴에 항상 미소를 띠고 있는 사람은 자신감 있고 우호적인 인상을 남긴다. 그리고 이러한 인상은 주변 사람들에게 전염되어 관계를 더욱 돈독하게 한다. 미소는 자신의 즐거운 마음을 사람들에게 표현하는 동시에, 즐거운 마음을 전염시키기도 한다.

진심에서 우러나오는 미소는 사람들 사이의 심리적 거리를 좁혀준다. 그러다 보면 서로 마음의 문을 열고 좋은 관계를 형성할 수 있다. "좋은 낯이 자기소개서다"라는 영국 속담도 있듯이 미소는 세계 모든 민족이 공인하는 표정이다.

얼굴 가득 미소를 띠면 마음이 즐겁고 낙관적이며, 마음에 거리낌이 없다는 느낌을 준다. 그러면 사람들이 쉽게 다가설 수 있고 소통하기도 한결 쉬워진다. 이런 점은 서비스업에서 더욱 두드러진다. 미소를 띠며 서비스를 하면 편안한 분위기를 만들 수 있고, 상대는 자신이 더욱 대접을 받는다고 느끼게 된다.

    미국 최고의 보험 판매원 존 브라운은 보험왕이라는 별명을 가졌다. 키도 작고 외모도 평범한 그는 10년 넘게 미국 보험 판매 실적 1위를 놓친 적이 없었다. 미국에서 모르는 사람이 없을 정도로 유명한 그가 밥도 못 먹을 정도로 가난해서 무료 급식소를 전전하였고, 차비가 없어서 걸어 다녀야 했다는 사실을 누가 알까? 하지만 그는 웃는 얼굴로 마침내 성공을 거두었다.

    몇 년 후 누군가 그에게 성공의 비결을 물었을 때 그는 미소를 띠며 대답했다.

    "하버드의 영향을 받았다고 봐야겠죠. 비록 하버드 대학교를 나오진 않았지만 분명 저는 하버드 교육의 영향을 받았습니다. 저는 보험 판매를 시작하고서 한참이 지나도록 한 건의 계약도 성사시키지 못했었죠. 수입도 당연히 없었고요. 여관에 묵을 돈도 없어서 공원 벤치에서 잠을 자야 했어요. 아침에 일어났을 때 같은 사람과 여러 번 마주쳐 저는 그에게 보험 상품을 설명해주었어요. 그러자 그가 무언가 깨달은 듯 이렇게 말하더군요. '아! 보험을 판매하시는군요! 저는 직업 없이 떠돌아다니는 분이신 줄 알았습니다. 보험을 판매하는 사람 중에 당신 같은 분이 어디 있습니까? 그렇게 얼굴을 잔뜩 찌푸리고 있는데 누가 좋아하겠소? 내가 웃으면 세상도 웃는다는 말도 못 들어보셨소? 그렇게 인상을 쓰고 있으면 아무도 상대하지 않을 거요. 이건 당신과 동종업계에서 일하는 유명한 사람이 한 말입니다.' 그날 우리는 많은 이야기를 나누었죠. 그는 보험 계약을 하지는 않았지만 그에게 많은 것을 얻은 것은 분명했습니다. 저는 나중에야 그분이 하버드 대학교의 심리학과 교수라는 것을 알았습니다. 그는 매일 공원 벤치에서 자는 저를 보고 안타까운 마음에 그런 말을 했던 것입니다. 처음에는 어떻게 웃어야 할지 잘 몰랐죠. 그래서 매일 거울을 보고 연습했습니다. 처음에는 좀 어색했지만 점차 자연스럽게 웃을 수 있게 되었습니다. '즐거움은 자신이 결정하는 것이며, 미소는 마음을 따뜻하게 한다. 다른 사람을 마주할 때 미소가 필요하듯이 자신을 마주할 때에도 똑같이 친절하게 웃어야 한다'는 것을 깨달았습니다. 덕분에 무한한 자신감과 힘을 얻고 성공할 수 있게 된 것이죠. 이것이 바로 저의 성공 비결입니다."

미소는 신비한 마법의 힘을 지닌 프리패스와 같다. 미소는 세계 공용의 언어로 항상 미소를 띠는 사람은 어디서든 환영받는다. 2008년 베이징 올림픽 당시 많은 나라의 서로 다른 민족이 다른 옷을 입고 말도 통하지 않았지만 모두에게는 공통점이 있었다. 모두가 얼굴에 미소를 한가득 띠우고 있었던 것이다. 그 미소가 서로 다른 점을 융합하고 화합하게 만들었다.

미간의 깊은 주름을 펴고 웃는 얼굴로 주변 사람들을 대하라. 이는 우리의 삶을 더욱 아름답게 하고, 우리의 내일을 시들지 않는 꽃처럼 빛나게 할 것이다.

존중받고 싶다면
먼저 존중하라

● 우리는 항상 누군가에게 칭찬과 존중을 받고 싶어 한다. 이것은 누구나 가지고 있는 본능이다. 하지만 타인을 어떻게 칭찬하고 존중할지 고민하는 사람은 거의 없다. 많은 사람들이 이 작은 부주의 때문에 타인에게 존중과 존경을 받을 기회를 잃고 만다. 타인이 우리를 대하는 태도는 종종 우리가 타인을 대하는 태도에 의해 결정되기 때문이다. 다시 말해 내가 상대방을 어떻게 대하느냐에 따라 그가 나를 대하는 태도가 달라지는 것이다. 누군가에게 칭찬과 존중을 받기 위해서는 먼저 타인을 존중하는 법을 배워야 한다.

일상생활에서나 직장에서나 주의를 기울이지 않으면 무심코 친구나 동료를 난감하게 하는 말을 내뱉을 수 있다. 그 순간 상대방은 체면 때문에 화를 참겠지만 분명 마음에 상처를 받을 것이다. 그런 일이 반복되면 상대방과 차츰 멀어지고 연락을 끊게 될 수도 있다.

하버드에서 학생들을 가르치는 친구가 이런 질문을 한 적이 있다.

"장군과 문지기가 같이 서 있으면 누가 더 거드름을 피울까?"

나는 별 생각 없이 "장군이겠지"라고 대답했다. 하지만 친구는 문지기라고 답했다. 장군은 혁혁한 공이 있고 높은 덕망이 있는지라 타인을 존중하며 자존감을 얻을 줄 알기에 거드름을 피우지 않는다는 것이었다. 우리 주변에서도 이런 사례는 쉽게 찾을 수 있다. 가진 것이 많은 사람일수록 말이 없고 타인에게 더욱 정중하다. 그런 사람은 아무도 감히 얕보지 않는다. 반대로 아무것도 없는 사람은 사사건건 자기 자랑을 늘어놓고, 말이나 행동을 할 때 조금도 타인의 감정을 고려하지 않고 함부로 대한다. 이런 사람을 누가 칭찬하고 존중하겠는가?

무역회사에서 높지 않은 직책을 맡고 있는 A는 돈을 얼마 벌지 못했다. 그런데 그는 매일 허세를 부리고 다른 사람이 하는 일에 잔소리를 하며 자신의 중요성을 부각시키려는 터에 주변 사람들의 미움을 샀다. 반면 한 기업의 사장인 B는 크게 출세했어도 주변 사람들에게 늘 공손했기 때문에 모두가 그를 존중했다.

우리는 타인을 존중할 줄 모르는 A가 아니라 B처럼 행동해야 한다. 그래야만 타인의 존중을 받을 수 있다는 것을 명심해야 한다.

칭찬에 인색하지
않아야 한다

● 누군가를 칭찬하면 서로의 심리적 거리를 좁힐 수 있다. 칭찬은 어느 시대에나 존재했던 교류 방식이다. 누구나 타인에게 칭찬과 긍정적인 평가를 받고 싶어 한다. 이런 면에서 사람들의 심리는 모두 똑같다. 칭찬은 사람들의 이런 공통 심리를 가장 만족시키며, 모두가 타인의 존중을 갈망하는 만큼 긍정적인 효과를 내기에 충분하다. 그러므로 칭찬에 인색하지 않아야 한다.

칭찬은 상대방의 신뢰와 호감을 얻을 수 있는 절호의 기회다. 그런데 칭찬할 때 반드시 넘지 말아야 할 선이 있다. 그 선을 넘으면 칭찬은 과장된 아부로 퇴색되고 만다. 칭찬이 아부로 변질되지 않도록 단어와 태도에 주의해야 한다.

모든 사람에게는 저마다의 장점과 특기가 있다. 진심으로 상대방을 마주하면 분명 장점을 발견할 수 있다. 가장 좋은 방법은 과장하지 않고 진심으로 칭찬하는 것이다.

　하버드 졸업생인 노그레이는 타인에 대한 진심 어린 칭찬으로 성공의 문을 열었다. 그는 대학을 졸업하던 해에 하버드의 명성에 자신의 학식과 재능까지 더해 세계 500대 기업 중 한 곳에 입사했다. 사장은 본래 이 하버드 출신 인재를 중요한 자리에 앉히고 싶어 했다. 그런데 질투심이 강한 사장의 비서는 대학을 막 졸업한 새내기 신입사원이 높은 자리에 앉는다는 사실이 몹시 못마땅했다. 그래서 사장에게 노그레이의 잘못은 부풀리고, 그의 성과는 일부러 숨기기를 반복했다. 사장은 이를 이상하게 생각했다.

　'분명 능력이 출중한 인재인데, 왜 성과가 보이지 않는 걸까?'

　노그레이는 사장의 태도가 변한 것을 느끼고 조용히 그 원인을 찾아보았다. 그러다 사장의 비서가 중간에서 난처한 상황을 만들고 있다는 사실을 알아챘다. 하지만 그는 조급해하지 않고 열심히 일하면서 동료와의 교류와 소통에 더욱 신경 썼다. 모든 동료들을 진심으로 대하고, 개개인의 장점을 발견하고 칭찬했으며, 기회가 있을 때마다 부하를 격려하는 것도 잊지 않았다. 그의 일은 계속 큰 성과를 거두었고, 그의 동료와 부하들은 그를 더욱 높이 평가했다.

　하루는 사장이 고위급 간부회의를 열어 부사장 선거를 실시하겠다고 밝혔다. 공정을 기하기 위해 회의에 참석한 모든 사람에게 발언권이 주어졌다. 그런데 후보자를 지명할 때 사장의 비서를 제외한 모든 사람이 노그레이를 공개적으로 지지했다. 마침내 비서가 한 일을 알아챈 사장은 그 자리에서 질투심이 과한 비서를 해고하고 노그레이를 부사장으로 임명했다.

노그레이가 성공할 수 있었던 것은 진심 어린 칭찬 때문이었다. 타인을 칭찬하는 것이 일의 일환이라고 해도 노그레이는 결코 과장되거나 가식적이지 않은 표현으로 진심을 다해 칭찬했다. 칭찬은 다른 사람의 열정을 이끌어내고 자신감을 심어준다. 칭찬을 받은 사람은 업무나 일상생활에서 벅찬 감동을 느끼게 된다. 이러한 칭찬으로 노그레이는 사람들의 마음을 얻었고, 마침내 훌륭한 실적과 동료들의 높은 평가를 바탕으로 부사장 자리까지 오르게 되었다. 진심 어린 칭찬 덕분에 여러모로 이익을 얻은 셈이다.

칭찬은 사람을 사귈 때에도 매우 유용하다. 단, 진심을 다해야만 서로에게 이익이 될 수 있다. 칭찬을 사교에 이용하는 것은 심리학 과목 중에도 있다. 이 과목의 특수성은 제기 방식의 새로움에 있는 것이 아니라 칭찬의 진심과 선의에 있다. 타인을 진심으로 칭찬하다 보면 생각지 못한 수확을 얻을 수도 있다. 그리고 그 수확은 양방향성을 갖기 때문에 칭찬을 하는 사람도, 그리고 칭찬을 받는 사람도 모두 그것을 누릴 수 있다.

하버드 대학교에서는 진심을 다해 칭찬할 때의 잠재적 이익을 강조한다. 하버드 교수가 수업 시간에 특히 강조하는 것은 칭찬이 반드시 진심에서 우러나야 한다는 점이다. 그저 형식적인 칭찬에 그친다면 상대방에게 위선적인 인상만 줄 것이며, 심지어 반감을 사게 될 것이라고 말한다. 그렇게 되면 상대방은 더 이상 관계를 유지하고 싶어 하지 않는다. 이것은 칭찬의 본래 뜻에서 벗어난다.

사람의 마음을 얻는 것은 지략이다. 하지만 진심이 담겨 있지 않으면

이 지략은 자신과 상대방을 해치는 무기가 된다. 누구나 칭찬받을 만한 장점을 가지고 있다. 옷차림, 미소, 선한 마음, 풍성한 머리숱 등. 칭찬을 할 때에는 진심에서 우러나야 한다는 것을 항상 명심하자.

호감을 사려면
남을 험담하지 마라

● 사소한 것에서도 그 사람의 인격을 파악할 수 있다. 그러므로 평상시에 재능과 식견, 인품과 성격 등 조금씩 자신의 장점을 드러내도록 노력해야 한다.

린다와 디먼은 비서다. 둘 다 실적이 우수하고, 성격도 활발해 회사의 두 송이 꽃으로 불렸다. 팀장인 제임스 역시 그 둘을 모두 좋아했다. 그런데 외모가 빼어난 린다는 평범한 외모의 디먼을 무시했고, 언행이 다소 무례할 때가 많았다. 린다는 디먼의 사소한 실수를 크게 떠벌리기 일쑤였지만, 디먼은 마치 아무 일도 없었다는 듯이 지나쳤다.

하루는 디먼이 제임스 팀장과 둘이 출장을 갔다. 두 사람은 이동하는 동안 차 안에서 일에 관한 이야기나 우스운 이야기 등을 하며 시간을 보냈고, 말도 잘 통했다. 제임스는 일부러 화제를 다른 사람들에 대한 평가로 돌렸다. 그러자 디먼은 사람들의 장점만을 이야기했다. 누군가의 단점이나 부족한 점은 한 마디도 언급하지 않았다. 린다에 대해서도 디먼은 "업무 능력이 뛰어나죠"라고 말했다. 양쪽에 말을 옮겨 싸움을 부추기는 린다와는 정반대였다. 제임스는 디 먼의 넓은 아량과 너그러움에 다시 한 번 감탄했다.

두 사람 이상이 모여 잡담을 하다 보면 으레 다른 사람에 대한 이야 기도 하게 된다. 하버드의 한 심리학과 교수는 이런 말을 했다.

"타인을 긍정적으로 대하는 것이 트집을 잡는 것보다 훨씬 더 상대 방의 호감을 얻을 수 있다. 특히 상사 앞에서는 다른 사람의 장점에 주 목해야 당신의 아량과 너그러움을 보여줄 수 있다. 타인에 대한 지적은 삼가야 한다."

현명한 디먼은 이 점을 잘 알고 있었던 것 같다. 그녀는 출장의 기회 를 이용해 자신이 경쟁 상대보다 더 매력적이라는 사실을 어필하는 데 성공했다. 물론 이것만으로는 부족하다. 진정한 '인기인'이 되려면 자신 의 실력도 보여주고 업무 능력도 강화해야 한다. 그러는 동시에 사장과 함께한 자리에서 다른 사람이 당신의 업무를 칭찬한다면 "사장님이 도 와주신 덕분이죠"라고 한마디 한다든지, 여행을 갔다가 돌아오면서 현 지 특산품을 사온다든지, 명절이나 사장의 생일에 정성이 들어간 선물 을 한다든지 하는 사소한 일도 놓치지 말아야 한다. 이때 선물이 반드 시 비싸고 좋은 물건일 필요는 없다. 단지 신경을 많이 썼다는 느낌을 주는 것만으로도 충분하다. 평소 사장의 의상, 언행, 업무 능력까지 두 루 칭찬하는 것도 잊지 말아야 할 것이다.

적절한 기회에 디테일한 것 하나까지 놓치지 않아야 사장에게 신뢰를 얻고 직장에서 두각을 드러낼 수 있으며, 더 큰 성공 가능성을 확보할 수 있다.

소인배를 적으로 만들지 마라

● 우리 주변에는 다양한 사람들이 있다. 그중에는 공연히 트집을 잡거나 유언비어를 퍼트리는 사람도 있다. 그들은 자기보다 현명하고 능력 있는 사람을 시기하고, 한쪽 말만 듣고 판단하는 경향이 있다. 또 온갖 방법을 동원하여 권력으로 사리를 도모하고 힘으로 다른 사람을 누르려 한다.

흔히 재능과 식견이 있는 사람들은 소인배들과 어울리기를 꺼려한다. 그래서 소인배를 멀찌감치 피하지만 결국 그들에게 당하고 만다. "우물은 강물을 범하지 않는다. 너는 너의 길을 가고 나는 나의 길을 간다"라는 말은 군자에게나 해당하는 말이다. 소인배들에게는 조금도 해당이 안 된다. 아무리 피하고 싶어도 우리는 어쩔 수 없이 그들과 같이 살아가야 한다. 이것이 세상의 이치다. 하버드 대학교에서는 바로 이 점에 주목해 별도로 인간관계학을 개설했다.

찰스는 인간관계학의 수혜자다. 그는 대학 졸업 후 한 회사에서 능력을 인정받으며 일했다. 그리고 매우 중요한 해외 사업 협상을 준비하고 있을 때 사장은 그에게 도움을 줄 수 있는 인력을 제공하기로 했다. 회사의 모든 직원 중에서 찰스가 직접 뽑고, 밖에서 이루어지는 업무는 찰스에게 전권을 위임하겠다고 했다. 그런데 찰스가 뽑은 사람은 하필 회사에서 간사하고 탐욕스럽기로 유명한 빌이었다.

사장은 이해할 수 없었다. 빌의 소인배 행태는 회사에서 너무도 유명했다. 탐욕스러운 것은 말할 것도 없고, 질투는 또 얼마나 심한지 틈만 나면 뒤에서 남들 흉을 보았다. 그렇다면 찰스는 왜 그를 선택했을까? 찰스는 이렇게 설명했다.

"저도 이번 해외 협상의 중요성을 잘 알고 있습니다. 협상을 위해서는 회사와 전 임직원의 지지가 필요합니다. 아주 작은 부주의나 예상 밖의 사고도 되돌릴 수 없는 재난을 가져올 수 있죠. 저도 빌에 대해 잘 알고 있습니다. 질투가 심하고 다른 사람의 성공을 받아들이지 않죠. 바로 이 점 때문에 그를 선택한 것입니다. 제가 그를 데리고 가면 첫째, 그가 일을 그르치지 않는지 잘 살펴볼 수 있습니다. 둘째, 그에게 중용되는 느낌을 받게 하면서 그의 총명함을 이용해 어느 정도 공을 나눠주고 그 핑계로 그의 입을 막을 수 있습니다."

사장은 찰스의 뜻을 이해했고, 그의 현명함을 칭찬하며 온 힘을 다해 지지해줄 것을 약속했다.

당신이 자기 자신만 고고하게 지키려 할수록, 바른 길로만 가려 할수록 소인배들은 더더욱 당신을 미워할 것이다. 바로 당신의 '올바름'이 그들을 더욱 '사악'하게 보이게 하기 때문이다. 그러므로 소인배를 대할 때에는 어떻게 대처해야 나에게 더 유리한지 잘 생각해야 한다. 나에게 유리하지 않더라도 정면으로 대응하여 적으로 만드는 것은 바람직하지 않다. "한 명의 소인배와 등을 지느니, 열 명의 군자에게 미움을 사는 게 낫다"는 말도 있듯이 말이다.

그렇다면 우리는 어떻게 해야 할까? 하버드의 인간관계 지도 과목에서 제안하는 방법은 다음과 같다.

첫째, 모든 소인배에 대해 정확히 알아야 한다. 소인배들은 공통적인 특징이 있다. 그들은 비열한 방법을 쓰고, 잘못된 길로 가며, 생트집을 잡거나 공연히 화를 만든다. 아니면 아첨하거나 자기보다 나은 사람을 질투하고, 공을 세우기를 좋아하거나, 윗사람을 기만하고, 아랫사람을 속이거나 겉과 속이 다르다. 한마디로 말하면 소인배는 앞뒤도 없고, 도리도 없다. 인의도덕(仁義道德. 자기 자신에게 만족하고 밖에서 기대하지 않는 것)은 말할 것도 없다.

둘째, 방어만 할 것이 아니라 나를 위해 그들을 어떻게 활용할지도 생각해야 한다. 소인배들을 철저하게 파악하지 못했다면 섣불리 건드리지 않는 것이 현명하다. 우리는 방어하는 동시에 그들을 활용할 기회를 찾아 전략을 세워야 한다. 그들의 비상한 잔머리까지 이용해야 완벽하다고 말할 수 있다.

뜻밖의 행동이
더 큰 감동을 준다

● 식당에서 손님들이 식사를 마치고 나갈 때 입가심을 할 수 있도록 입구에 박하사탕을 놓는 경우가 있다. 그런데 어떤 식당에서는 완전히 다른 방법으로 박하사탕을 제공한다. 식당 종업원이 박하사탕을 식후 선물로 명세서와 함께 은쟁반에 놓고 고객에게 전달하는 것이다.

사탕을 제공하는 이 두 가지 방식은 결과에 어떤 차이를 가져올까?

그렇다. 두 번째 방법으로 식후 사탕을 제공한 경우 손님이 팁을 지불하는 데 큰 영향을 미치는 것으로 나타났다. 사탕과 명세서를 함께 은쟁반에 올려주자 종업원은 더 많은 팁을 받았다. 이와 관련해 행동과학자 데이비드 스트로메츠와 그의 동료는 몇 가지 실험을 통해 사탕의 역할 차이를 증명했다.

첫 번째 실험: 종업원이 모든 손님에게 명세서를 주면서 사탕을 한 개씩 주었다. 사탕을 주지 않았을 때와 비교해 큰 변화는 없었지만 약 3.3% 많은 팁을 받았다.

두 번째 실험: 종업원이 모든 손님에게 사탕을 두 개씩 주었다. 사탕은 1센트에 불과하지만 사탕을 주지 않았을 때보다 14.1% 많은 팁을 받았다.

세 번째 실험: 종업원이 한 개의 사탕만 주고 돌아서 가다가 곧 다시 다가와 주머니에서 다른 사탕을 하나 더 꺼내 손님에게 주었다. 이러한 행동은 '당신이 좋은 사람이기 때문에 사탕 하나를 더 준다'는 인상을 주었다. 결과는? 무려 23.2%나 많은 팁을 받았다.

어떻게 하면 선물이나 도움의 효과를 극대화할 수 있을지 이 실험을 통해 그 답을 찾았을 수 있다. 이 실험은 작은 행동의 변화가 얼마나 큰 영향력을 미치며, 이로 인해 더 큰 대가를 얻을 수 있다는 사실을 보여준다.

무엇보다 당신의 모든 행동에 어떤 의미가 있다는 것을 고객이 느끼도록 해야 한다. 예를 들어 사탕을 한 개에서 두 개로 늘리면 팁은 3.3%에서 14%로 올라갈 수 있다. 이는 반드시 큰돈을 써야 할 필요는 없다는 사실을 보여준다. 얼마 안 하는 사탕 두 개로도 충분하다.

두 번째 실험과 세 번째 실험에서 모두 종업원은 손님에게 사탕을 두 개씩 주었는데, 주는 방식은 전혀 달랐다. 이는 선물이나 도움을 주는 방식에 따라 결과가 달라지는 것을 보여준다.

세 번째 실험에서 손님은 종업원이 사탕을 하나만 주고 간다고 생각했다. 때문에 다시 돌아와 사탕 하나를 더 줄 때 매우 뜻밖이라고 생각하는 동시에, 종업원이 자신에게 호감을 가지고 있어서 일부러 되돌아와 사탕을 하나 더 준 것이라고 생각하기 쉽다.

주의해야 할 점은 만약 종업원이 세 번째 실험에서 쓴 방법을 모든 고객에게 적용할 경우 오히려 반감을 사고, 시간이 흐를수록 효과는 떨어지게 될 것이라는 사실이다. 종업원이 모든 고객에게 그렇게 대한다는 것을 고객들이 알게 되면 더 이상 특별한 느낌을 받지 않게 된다. 심지어 무언가 속임수를 쓰는 것처럼 보여 결국 자기 꾀에 자기가 넘어가는 일이 벌어질 수도 있다.

물론 이 방법을 잘만 활용하면 선물을 주거나 도움을 줄 때 상대방은 고마운 마음을 더 크게 느낄 것이다. 시간을 내 무언가를 찾는 모습을 보면 무언가 특별한 대우를 받는다고 생각되기 마련이다.

위의 실험을 통해 이제 출입구에 놓인 사탕이 종업원과 손님의 교류를 방해한다는 사실을 알게 되었을 것이다. 이처럼 값이 얼마 안 되어도 전달하는 방식에 따라 그 대가는 천차만별로 달라질 수 있다.

인맥 관리는
곧 인생 관리다

● 인생은 길고, 사람은 결국 외로운 존재다. 때문에 누군가 부축하고 함께 걸어야만 한다. 혈육 간의 정이나 우정, 인정도 언제나 필요하다.

혈육 간의 정은 타고나는 것으로, 서로 간의 감정이 저절로 생긴다. 한편 우정은 마음을 쓰고 지켜야 한다. 많이 노력할수록 더 많은 친구를 사귈 수 있다. 친구는 정서적으로 기대기도 하고, 현실적으로 도움을 주고받는 존재이기도 하다. 유일하게 인정만이 갚을 수 없는 빚이 생긴다. 남이 하나를 주면 나는 그 열 배로 갚아야 한다. 때때로 어떤 인정은 당장 갚지 않아도 되지만, 봄바람이 불고 나면 가을비가 내리는 것이 당연하듯이 언젠가는 갚아야 한다.

잭은 평범한 건설자재 영업사원이었다. 그는 사교성이 부족해 친구가 많지 않고, 평소 실적도 그저 그런 편이었다. 잭과 달리 월트는 출세한 건설자재 영업 사원이었다. 그는 부유한 집안에서 태어났고, 친척들 모두 각자의 분야에서 성공했으며, 많은 친구들이 특별한 재능을 가지고 있었다. 사실 학식 면에서 잭과 월트는 별 차이가 없었지만, 월트의 사교성이 잭보다 좋아서 월트의 실적이 항상 잭보다 수백 배 더 좋았다. 부는 저절로 월트의 주머니로 들어왔다.

어느 해인가 하버드 대학교에 영업훈련반이 개설되었는데, 업계 종사자들도 수강이 허락되어 잭은 자신의 실적을 높여볼 요량으로 적극적으로 신청했다. 월트도 자신의 인맥을 더 넓힐 기회라고 생각하고 수업을 신청했다. 첫 번째 강의 내용은 영업과 인맥의 관계에 대한 것이었다. 그중 가장 강조하는 것은, 제품을 판매하기 위해서는 인간관계가 우선이라는 것이었다. 잭은 배운 것을 활용해보기 위해 일부러 같은 수업을 듣는 판매왕 월트에게 다가가 자신의 인맥을 넓히고 사교 수준을 바꾸어보려고 했다. 수업을 받는 반년 동안 잭과 월트는 깊은 우정을 쌓았고, 월트와 교류하면서 잭은 많은 영업 노하우를 전수받았다. 더욱 중요한 것은 월트를 통해 많은 엘리트들을 알게 되었다는 점이다.

교육 과정이 끝났을 때 잭의 가장 큰 수확은 인맥을 넓힌 것이었다. 이 인맥 덕분에 잭의 영업 실적은 크게 올랐고, 그해 일 년 동안의 건설자재 판매량이 지난 5년 동안의 판매량을 모두 합한 것보다 많았다. 연말이 되었을 때 잭은 하버드에서 그 교육을 들은 것이 자신에게는 큰 행운이었고, 반년 동안의 교육으로 자신의 앞날은 새로운 장을 열게 되었다고 감격에 차 말했다.

인맥은 다리와 같다. 사람과 사람 사이의 소통과 협력을 위해 인맥은 반드시 필요하다. 인맥 관리는 사업을 성공시키기 위한 필수 요소다.

서로 만나 친구가 되는 것이 우연처럼 보이지만 사실은 그렇지 않을 때도 있다.

장은 화웨이의 영업사원이었다. 실적은 좋지도 나쁘지도 않았고, 월급 역시 많지도 적지도 않았다. 해가 가도 달라지는 것이 없었다.

하루는 친구와 잡담을 하던 중 하버드에서 유학한 친구가 귀국해 창업을 하였고, 전자제품을 판매할 것이라는 이야기를 들었다. 친구는 별 생각 없이 말했지만 장은 그렇지 않았다. 장은 그 유학생 친구의 상황에 대해 꼬치꼬치 캐물었다. 그리고 며칠 지나지 않아 장은 그와 만날 기회가 생겼다. 그는 전자제품 판매에 대해 이야기하며 전체 판매 분야에 대해서도 이야기했다. 장은 이미 그에 대해 자세히 알아보았기 때문에 이야기할 때 그의 마음을 어느 정도 파악하고 있었다. 그 때문에 이야기를 나누는 내내 서로 마음이 잘 통했고, 우연을 가장한 몇 차례의 만남으로 장은 그 하버드 출신과 친구가 되었다.

하버드 엘리트의 인맥과 영업 노하우 덕분에 장의 영업 실적은 날로 높아졌고, 반년 만에 판매팀장 자리에 오르게 되었다. 그 후 회사 영업을 총괄하는 부사장까지 되었다. 장은 하버드인의 재능과 넓은 인맥에 감탄할 수밖에 없었다. 하버드 엘리트의 도움으로 몇 년 동안이나 지지부진했던 판매 실적이 반년 만에 올랐기 때문이다.

일상생활에서도 인간관계는 매우 중요하다. 잭이나 장과 같이 친구의 재능과 인맥을 이용해 자신의 사업을 발전시킬 수도 있고, 긍정적이고 바람직한 사고방식과 처세를 본받아 훌륭한 인재가 될 수도 있기 때문이다.

하버드인의 인맥 관리 비법

● "사람이 가장 취약한 것이 감정이다. 너무 소원해지면 감정이 메마르고, 너무 가까워지면 심리적인 피로를 느끼게 한다. 적절한 거리를 유지해야만 좋은 관계를 유지할 수 있다."

● "타인을 긍정적으로 대하는 것이 트집을 잡는 것보다 훨씬 더 상대방의 호감을 얻을 수 있다. 특히 상사 앞에서는 다른 사람의 장점에 주목해야 당신의 아량과 너그러움을 보여줄 수 있다. 타인에 대한 지적은 삼가야 한다."

● "모든 사람은 다양성을 가지고 있다. 어두운 각도에서 바라보면 부족한 면이 보이고, 밝은 각도에서 바라보면 장점이 보인다. 적절한 소통이야말로 타인의 생각을 충분히 이해할 수 있게 해준다. 이렇게 하면 복잡한 관계도 간단해진다."

chapter
four

직장생활 심리학

마음을 단련하면
더 여유 있게
직장생활을 할 수 있다

융통성 있는 처세는 항상 일을 원만하게 해결해준다.
자신의 고집을 꺾고 원을 그려보자.
둥근 원의 범위 안에서 융통성 있게 문제를 해결한다면
돌파구를 찾는 동시에 기대했던 결과물을 얻을 수 있을 것이다.

하기 싫은 일도
해야 할 때가 있다

● 자신이 현재 하고 있는 일을 좋아하는 사람은 사실 많지 않다. 그런데 좋아하지 않는 일을 계속하면 정신적인 스트레스가 심해지고 비관, 우울, 초조, 과민 등 나쁜 정서가 생긴다. 그러면 결국 기대했던 결과를 얻기 힘들다. 상사에게 꾸중을 듣거나 가족과 친구들에게 실망을 안겨줄 수도 있다. 이렇게 시간을 보내면 인생 자체에 부정적인 영향을 미친다. 그러므로 자신이 싫어하는 일을 잘할 수 있도록 노력하는 것은 성공하기 위한 필수 과정이며, 성공을 거두기 위한 밑천이라고 말할 수 있다.

하버드 대학교 졸업 예정자인 펀조는 그가 하버드에 입학한 것에 대해 제일 먼저 아버지에게 감사를 표했다. 사실 펀조는 어렸을 때 부모님과 선생님의 속을 꽤나 썩이는 아이였다. 말썽을 부리거나 친구들과 치고받고 싸우기 일쑤였고, 수업을 땡땡이치는 일도 일상다반사였다. 모두가 펀조를 보고 희망이 없다고 했다. 커서 동네 양아치나 될 것이라고 말했다. 하지만 펀조의 아버지만은 아들의 교육을 포기하지 않았다.

당시 펀조의 아버지는 수산업에 종사하며 바다로 나가 고기를 잡는 일을 했다. 수입은 괜찮았지만 위험이 따르는 일이었다. 어느 일요일 아침, 펀조가 아침을 먹고 있을 때 아버지는 출근을 하려고 집을 나섰다가 다시 돌아왔다. 그러고는 펀조에게 말했다.

"펀조, 오늘 아버지랑 같이 바다에 나가자. 얼른 옷 입고 나오거라. 곧 출발해야 하니까."

펀조는 내키지 않았지만 평소와 달리 엄한 아버지의 모습에 어쩔 수 없이 따라갔다. 아버지와 아들은 바다로 나가 예정된 곳에 배를 세웠다. 아버지는 그물을 치고 걷어 올리기를 반복했고, 펀조는 그저 잡은 물고기를 박스에 넣는 일을 도왔다. 곁에서 힘든 노동으로 더 이상 예전 같지 않은 아버지의 모습을 보니 펀조는 마음이 흔들렸다. 그때 시원한 바람이 불어왔고, 펀조는 자연스럽게 먼 곳을 바라보게 되었다. 그런데 돌연 검은 먹구름이 동쪽에서 다가오는 것이 보였다. 펀조는 아버지에게 물었다.

"아버지, 저게 뭐예요?"

아버지는 소리가 나는 곳을 바라보고는 갑자기 긴장했다. 바람과 검은 구름이 몰려오는 것을 보니 곧 큰 비가 내릴 것이 분명했다.

"펀조! 어서 배 안으로 들어가거라. 서둘러 회항해야겠구나!"

아버지의 목소리는 격앙되어 있었다. 바람이 점점 거세지더니 얼마 지나지 않아 폭우가 쏟아졌다. 그때 배는 이미 제어가 안 될 정도로 요동치고 있었다.

조금이라도 방심했다가는 곧 뒤집힐 것 같았다. 펀조는 그런 상황에서도 아버지가 여전히 배를 운전하기 위해 애쓰고 있는 모습을 보고 놀랐다. 큰 파도에 맞서 아버지는 펀조에게 맞은편을 잡고 힘껏 누르라고 소리쳤다. 다행히 배는 전복되지 않았지만 잡은 물고기는 모조리 잃고 말았다.

힘겹게 부두로 돌아온 후 아버지는 지칠 대로 지쳐 땅바닥에 그대로 쓰러졌다. 얼마쯤 시간이 흐른 후 펀조가 물었다.

"아버지, 이렇게 위험한 일을 왜 하세요?"

그러자 아버지는 몸을 일으키며 앉았다.

"아들아, 생각해보렴. 한 가정의 의식주를 책임져야 하고, 너희들 학교도 보내야 한단다. 이게 다 돈이 필요한 일 아니겠니? 아버지도 이렇게 위험한 일을 하고 싶지는 않지만 그래도 돈은 많이 벌 수 있잖니? 몇 년 동안 죽을힘을 다해 일을 했단다. 지금 유일한 바람은 네가 더 이상 수업을 빼먹지 않고 열심히 공부하는 거란다. 할 수 있겠니, 사랑하는 아들아?"

여기까지 말했을 때 아버지의 눈에는 이미 눈물이 가득 고여 있었다. 그 후부터 펀조는 전혀 다른 사람이 되었다. 학교 수업도 열심히 들었고, 숙제도 스스로 했으며, 집에 돌아와서는 어머니를 도와 집안일까지 했다. 학교와 집안일은 그전까지 펀조가 가장 싫어하는 것이었다. 펀조의 변화를 보고 선생님도 놀라움을 감추지 못했고, 부모님 역시 안도했다.

고등학교 졸업 후 펀조는 그 유명한 하버드 대학교에 합격했다. 입학통지서를 받았을 때 그는 아버지의 손을 잡고 말했다.

"고맙습니다, 사랑하는 아버지. 그날 배를 탔을 때 싫어하는 일을 하는 것이 미래에 영향을 미칠 수 있다는 것을 알게 되었어요. 걱정 마세요. 이제 전 하버드생이 되었어요. 하버드의 기준에 맞는 멋진 아들이 될게요. 더 이상 실망시켜 드리지 않을 거예요."

펀조의 말을 듣고 아버지는 눈물을 흘렸다. '관심 없는 일, 심지어 싫어하는 일도 열심히 하는 것'은 하버드인 펀조의 좌우명이 되었다.

심리학자들은 "나쁜 결과는 지금 하기 싫은 일보다 훨씬 더 끔찍하다"고 말한다. 이익과 손해를 잘 생각하고 올바른 선택을 해야만 미래의 성공에 도움이 된다.

예를 들어 사장이 사무용품을 사오라고 시켰다고 하자. 이런 바깥심부름이 제일 싫어하는 일이라 홧김에 사장과 한바탕했고, 충동적으로 사표를 냈다면? 직장을 잃었으니 다음 달 생활비마저 걱정해야 할 판에 사업의 성공은 말해 무엇 할까? 반대로 당신은 이런 선택을 할 수도 있다. 사장이 사무용품을 사오라고 심부름을 시켰을 때 내키지는 않지만 이것도 일이라고 생각하고, 바람이라도 쐴 겸 나가서 사무용품을 사가지고 돌아와 사장이 맡긴 업무를 완수하는 것이다. 이렇게 하면 당신에 대한 사장의 호감도 높일 수 있고, 이는 향후 승진이나 연봉 인상까지 기대할 수 있는 좋은 기회가 된다. 그러므로 싫어하는 일도 미래를 생각하고 성실히 임해야 한다.

스트레스도
어느 정도 필요하다

● 사람은 약간 긴장 상태일 때 일을 가장 잘할 수 있다. 아무런 긴장감도 없는 상태에서는 일을 할 동력을 잃고 만다. 그렇다고 너무 긴장한 상태에서는 스트레스 때문에 원래 잘하던 일조차 완성하지 못한다. 이를 심리학에서는 '역U자형 가설'이라고 한다. 직장에서 적당한 스트레스는 원동력이 되어 일의 능률을 최대한 끌어올려주지만, 스트레스가 아예 없거나 너무 지나친 것은 모두 좋지 않은 결과를 낳는다.

루시는 한 연구소에서 서무로 일하고 있었다. 그날 연구소의 주임은 어떤 수치를 계산하라고 시키면서 몇 번이나 매섭게 당부했다.

"세 시간 후에 결과물을 가지러 올게요. 절대로 계산 착오가 있어서는 안 되니까 반드시 주의해야 해요. 절대로 실수가 있어서는 안 돼요. 만약 잘못되면 한 달 치 인센티브가 날아간다고요!"

루시는 알겠다고 대답한 후 계산을 시작했다. 꼼꼼하게 계산하려 했지만 집중할 수가 없었다. 계산을 하면서도 주임이 한 말이 생각나 제시간 안에 다 하지 못할까봐 초조했다.

세 시간이 거의 흘렀지만 루시는 아직 계산을 완료하지 못했고, 점점 더 긴장되어 손발이 떨리기 시작했다. 글씨는 점점 괴발개발이 되어갔다. 주임이 왔을 때 그 일은 아직 3분의 1이나 남아 있었다.

"세 시간 후에 가지러 온다고 몇 번이나 이야기했는데 도대체 들었어요, 못 들었어요?"

주임이 노발대발하며 소리쳤다.

"어쨌든 아직 다 못했으니 조금만 기다려주세요."

루시는 몹시 괴로웠다. 억울해서 눈물이 나왔다. 그런데 공교롭게도 이 장면을 소장이 보았다. 그는 루시에게 다가와 따뜻하게 말을 건넸다.

"괜찮으니 계속하세요. 조급해하지도 말고, 부담 갖지도 말고. 다 되면 나에게 가져오면 됩니다."

루시는 다시 앉아 열심히 일했다. 그리고 얼마 지나지 않아 남은 계산을 모두 끝냈다. 이번에는 빠르고 정확했다.

주임의 엄격한 요구 때문에 루시는 더욱 긴장할 수밖에 없었고, 집중을 못해 약속한 시간 안에 임무를 완수할 수 없었다. 그와 정반대로 소장은 어떠한 요구도 하지 않고, 루시를 편안하게 해주어 빠르게 계산을 완료할 수 있었다.

이 이야기는 직장에서의 스트레스와 실적 간의 관계를 보여준다. 하버드 대학교가 '성공인의 요람'이라고 불리는 비결 중 하나는 바로 업무와 학습에 있어서 모든 하버드인이 처음부터 끝까지 지나친 긴장을 삼가고 반긴장 상태를 유지하는 것이다.

심리학자들은 "사람이 일을 할 때 스트레스가 심하거나 너무 없는 것 모두 업무 효율을 떨어뜨린다"고 말한다. 다시 말해 스트레스가 너무 없으면 느슨해져 효율이 떨어지고, 스트레스가 어느 정도 있으면 열심히 일하도록 자극해 업무 효율이 상승한다는 것이다. 스트레스가 수용 가능한 최대 한계치에 달했을 때 업무 효율도 최고치에 달한다. 하지만 스트레스가 수용 가능한 최대치를 넘어서면 저항력으로 변해 업무 효율을 다시 떨어뜨린다.

적당한 스트레스는 업무에 동력이 되어 일을 더 잘하도록 하고, 실력을 100% 발휘해 업무 중 난관을 극복하도록 한다. 이렇게 되면 직장에서 불패의 입지를 다질 수 있게 된다.

협력하면
어려운 일도 쉬워진다

● 협력은 일생 동안 우리와 함께한다. 우리는 갓난아기 때부터 협력을 시작한다. 맨 처음 함께 협력하는 사람은 부모님이다. 그 다음 유치원 선생님과 친구들, 그리고 초등학교부터 대학교까지 각 학년의 선생님과 친구들, 졸업 후에는 직장에 들어가면서 협력의 대상 범위가 한층 넓어진다. 이렇듯 다양한 인물이 우리의 협력 범위에 들어온다. 상사, 동료, 친구 할 것 없이 우리는 늘 누군가와 협력한다. 인생 자체가 협력의 연속이라고 할 수 있다.

21세기는 자원이 공유되는 사회다. 분업은 차츰 세분화되고, 협력에 대한 요구도 점점 높아지고 있다. 모든 사람, 모든 일은 협력이 필요하다. 그러므로 협력은 아주 중요한 부분을 차지한다. 심리학자들은 '나+우리=완벽한 나'라는 공식을 내놓기도 했다. 절대적인 나는 존재하지 않고 '나'와 '우리'가 협력해야만 '완벽한 나'를 탄생시킬 수 있다는 뜻이다. 협력은 성공의 원천이며, 동시에 성공을 가속화시킨다.

컴퓨터 역사상 가장 영향력 있는 사람으로 빌 게이츠를 꼽을 수 있다. 그의
안목과 용기는 늘 누구보다도 한 수 위였다. 협력에 능한 빌 게이츠는 중요한
기회가 있을 때마다 정확하게 그것을 포착했다. 이것 역시 그가 성공을 이룬
근본 원인이다. 빌 게이츠는 혼자서 마이크로소프트사를 세웠다. 마이크로소프
트의 발전 과정에는 세 번의 큰 도약이 있었으며, 각각의 도약이 중요한 역사
적 의미를 갖는다.

마이크로소프트의 첫 번째 도약은 IBM과 협력한 것이다. 마이크로소프트
는 IBM PC의 MC-DOS 운영체계를 개발했다. IBM PC 판매의 활약으로 MC-
DOS는 날개 돋친 듯 팔렸고, 시장의 표준제품이 되었다.

마이크로소프트의 두 번째 도약은 애플과 협력한 것이다. 마이크로소프트는
매킨토시 컴퓨터를 위해 아이콘 디스플레이 인터페이스의 응용 소프트웨어를
개발했다. 경험을 쌓은 이후에는 Windows 운영체계를 개발했다. Windows
운영체계는 출시되자마자 세계인의 환영을 받았고, 점점 더 많은 사람들이 이
제품을 수용하고 사용하게 되었다.

마이크로소프트의 세 번째 도약은 모든 마이크로소프트의 직원이 다 함께
협력하는 것이다. 빌 게이츠는 이렇게 말했다.

"마이크로소프트의 인재 선발은 매우 엄격하게 이루어집니다. 그중에서 가
장 중요한 것이 바로 협동심입니다."

협동심은 마이크로소프트에 입사하기 위한 필수 조건이다. 프로그래밍을 예
로 들어보면 마이크로소프트에서 Windows XP를 개발할 때 약 500명의 엔지

니어가 한마음으로 협력하여 2년 동안 노력한 끝에 총 5,000만 행의 코드를 프로그래밍 했다. 운영체계 하나를 위해서는 서로 다른 전문 분야의 사람들, 서로 다른 성격의 사람들이 함께 오랫동안 노력해야 한다. 연구·개발 과정에서 협동심을 잃는다면 그 결과는 불 보듯 뻔하다. 성공은 더더욱 기대할 수 없다.

빌 게이츠는 학업을 중단한 지 20년 만에 마침내 하버드 대학교의 졸업증을 받았다. 하버드의 졸업식에서 누군가 빌 게이츠에게 성공의 비결이 무엇인지 묻자 빌 게이츠는 이렇게 대답했다.

"성공한 더 많은 사람들이 나를 위해 일하고 있기 때문이죠."

이 말은 협력의 중요성을 대변하고 있다.

사회라는 무대에서 협력이 가져다주는 것은 비단 부뿐만이 아니다. 더 많은 기회를 주고, 좋은 마음가짐을 갖게 해준다는 점에서 협력은 직장 생활에서 빼놓을 수 없는 중요한 요건이다.

협력은 어려운 일도 간단하게 만들고, 간단한 일은 더 간단하게 만든다. 협력을 하면 업무 효율은 배가된다. 그러므로 협력은 직장에서 소홀히 할 수 없는 중요한 업무 방식이다. 심리학자들은 "서로 연결하고 통제하는 부분 조합의 최적화를 통해 구성된 새로운 전체는 각 기능의 합보다 뛰어나다. 그러므로 '1+1>2'라는 상황이 생긴다"고 말한다.

같이 협력하고, 그 뜻을 모으는 것은 직장에서 가장 강력한 무기가 된다. 그것은 기적을 만들 뿐만 아니라 전에 없던 새로운 세계를 개척하며, 사람들의 잠재력을 끌어내 아무리 커다란 도전도 두려워하지 않게 만든다. 협력이 성공을 가속화시킨다는 사실을 명심해야 한다.

실망감을 줄이는
'미끼 효과'

● 사람들의 마음속에는 하나의 저울이 있다. 그런데 그 저울 속의 추는 현실 속의 추와 다르다. 그 무게는 각자의 마음에 따라 변한다. 추가 작아지면 저울에 단 물체의 무게는 커지고, 추가 커지면 저울에 단 물체의 무게는 상대적으로 작아진다. 사물에 대한 감각과 지각 역시 이 추의 영향을 받는다. 간혹 회사에서 실적을 높이기 힘들 경우 상대의 마음속 추를 작게 만들어두면 의외로 좋은 반응을 유도할 수 있다.

하버드를 졸업한 찰슨은 한 부동산 회사의 직원으로 일하며, 매달 열다섯 채 이상의 집을 판매해 사장에게 큰 신망을 받고 있었다. 하지만 이번 달에는 경제 위기의 영향으로 판매량이 줄어들어 약 여덟 채 정도 팔 수 있을 것으로 예상되었다. 찰슨은 사장에게 이렇게 말했다.

"경제 위기 때문에 부동산 시장이 매우 좋지 않습니다. 이번 달에는 많아야 네 채 정도 팔 수 있을 것 같습니다."

사장은 그의 예측에 동의하며 고개를 끄덕였다. 그런데 뜻밖에도 한 달 후 찰슨은 열 채의 집을 팔았고, 사장은 그를 높이 칭찬했다.

만약 찰슨이 부동산 판매량을 너무 높게 예측했거나 아무런 예측도 하지 않았다면 결과적으로 열 채밖에 판매하지 못한 것을 두고 사장이 뭐라고 했을까? 아마도 사장은 '판매량이 줄어든 걸 보니 찰스가 무슨 실수를 한 모양이군'이라고 생각하고 칭찬은커녕 질책을 했을 것이다. 하지만 찰슨은 부진한 상황을 미리 판단해 즉시 사장에게 보고함으로써 사장의 마음속 추를 작게 만들어 판매량에 대한 사장의 기대치를 낮추었다. 때문에 판매 실적이 나왔을 때 찰슨에 대한 평가는 낮아지지 않고 오히려 더 높아질 수 있었다. 이것은 하버드인 찰슨이 직장에서 확고한 입지를 세울 수 있었던 비결이다.

회사에서 실수를 범했을 때 상대방에게 위로하듯 가장 최악의 상황을 먼저 이야기하면 비록 성공하지 못하더라도 패배에 이르지는 않는다. 실수로 동료의 마음을 다치게 했을 때 사과해야 할 타이밍을 놓치지 않아야 전쟁을 평화로 바꾸는 효과도 얻고, 나의 진심도 보여줄 수 있다. 상대방이 별로 달갑지 않게 생각할 화제에 대해 이야기해야 할 때 미리 언질을 준다면 어느 정도 반감을 피할 수 있다. 상대방은 오히려 당신이 고심하여 어렵게 꺼낸 이야기라고 느끼게 될 것이다. 이것이 심리학에서 말하는 '미끼 효과'의 힘이다.

남의 공을
가로채는 것은 금물!

● 하버드 대학교를 졸업한 후 미국 콜로라도 주의 한 복합문화회사에서 총지배인으로 일하고 있는 친구 데이브가 이런 이야기를 해준 적이 있다.

데이브가 일하는 회사의 광고부에 조크라는 직원이 있었다. 조크는 최근 광고부 팀장의 근심 어린 모습을 보고는 일할 기운이 나지 않았다. 알고 보니 지난 회의에서 지방 도시에 광고사무소를 설립하기로 결정한 것 때문에 팀장이 그러는 것이었다. 이렇게 하면 광고부에 대한 압박도 덜고, 수입도 증가해 일거양득일 텐데 팀장은 맥없이 말했다.

"상공회의소를 몇 번이나 찾아갔는데 동의해주지 않으니 걱정이네."

그러자 조크가 말했다.

"전 또 무슨 큰일이라고요? 제가 해결하겠습니다."

옆에 있던 다른 직원들은 조크의 우쭐거리는 행동을 거들떠보지도 않았다. 3일 후 광고부 팀장이 조크를 찾아 일이 어떻게 진행되고 있는지 물었다. 조크는 즉답을 피하면서 팀장을 자리에 앉게 하더니 태연스럽게 말했다.

"제가 상공회의소에 갔더니 안 된다고 하더군요. 그런데 제 생각에는 저절로 되게 되어 있습니다. 제가 해결한다고 말씀드리지 않았습니까?"

팀장이 한숨을 쉬며 말했다.

"되긴 뭐가 되나? 아직 아무런 방법도 찾지 못했으면서."

조크는 웃으며 말했다.

"잘 들어보세요. 친구 하나가 예전에 상공회의소에서 일했던 것이 생각나서 어렵게 전화번호를 알아냈습니다. 그리고 전화를 했죠. 그런데 마침 그날 휴가라고 해서 이쪽으로 불렀습니다. 지금 상황이 급하지 않습니까?"

팀장은 가만히 앉아 있을 수가 없었다.

"그래서 일이 해결됐다는 건가? 빨리 말해보게."

조크는 팀장이 짜증 내는 것을 보고는 서둘러 말했다.

"사무소 승인을 받는 게 보통 어려운 일이 아니더군요. 제가 그 부서에 가서 사인을 하고 부서 직인을 찍고 아주 녹초가 되었죠. 결국 다 해결하였습니다."

"조크, 수고 많았네. 처음부터 다 해결됐습니다, 이 한마디만 했으면 얼마나 좋은가?"

팀장은 마침내 웃음을 띠며 말했다.

"아직 한 가지 일이 남아 있습니다."

조크가 말했다.

"다른 조건이라도 있나?"

팀장은 불쾌한 듯 물었다.

"그런 것이 아니라……."

조크는 목을 가다듬고 말했다.

"상공회의소에서 일하는 친구가 아는 방송국 사람이 있는데, 현재 방송국에서 광고를 일반 기업에 위임하려고 준비 중이니 우리 회사도 입찰에 참여해보는 것이 어떻겠냐고 묻더군요. 만약 낙찰된다면 더 큰 시장을 차지하게 될 것입니다."

이 말을 들은 팀장은 흥분을 감추지 못했다. 마음속으로 '아주 좋은 기회군. 성공한다면 상당한 이윤을 올릴 수 있겠어'라고 말하는 듯했다. 팀장이 막 칭찬을 하려고 할 때 조크가 먼저 말을 꺼냈다.

"팀장님, 정말 좋은 기회 아닙니까? 상공회의소에 사업을 등록하는 것이 제 담당 업무가 아닌데도 제가 발 벗고 나서서 다 처리하였습니다. 제 생각에 광고사무소 업무도 제가 잘할 수 있을 것 같습니다. 그리고 이번 사업 기회를 얻은 데에는 제 친구의 공도 무시할 수 없는 거 아시죠? 앞으로도 그 친구의 도움이 필요할지 모를 일입니다."

여기까지 듣고 팀장은 아무 말도 하지 않고 있다가 잠시 후 조크에게 말했다.

"알겠네. 월말에 재무부를 통해 인센티브를 지급하도록 하지."

그리고 광고사무소가 정상 운영된 후 팀장은 다른 핑계를 찾아 조크를 해고했다.

데이브는 이 이야기를 마치고 한숨을 쉬었다.

"조크는 자신의 인맥을 이용해 회사의 난제를 해결하고, 친구가 제공

해준 사업 기회마저 남김없이 팀장에게 바쳤네. 이 얼마나 칭찬할 만한 일인가? 그런데 팀장의 신임을 받기 위해 자신의 공을 너무 떠벌렸지. '앞으로도 그 친구의 도움이 필요할지 모를 일입니다'라고 말하는 것은 '이 회사는 나 없이 안 된다. 사무소 적임자로 나만 한 사람이 없다'는 뜻으로 비춰졌네. 광고부 팀장은 몇 년 동안이나 그 회사에서 죽을힘을 다해 싸워온 노장인데 남의 공을 가로채서 상을 받으려는 조크의 의도를 눈치 채지 못할 리가 없지 않나? 그래서 조크의 이용 가치가 사라질 때까지 기다렸다가 그를 내쫓은 거지.

내가 하버드에 다닐 때 한 교수님은 항상 진심을 다해 성실하게 일하고 절대로 자만해선 안 된다고 말씀하셨지. 남의 공을 가로채서 상을 받으려는 욕심은 더더욱 멀리해야 한다고 하셨네."

데이브는 이어서 말했다.

"하버드의 교육으로 나는 많은 시행착오를 피할 수 있었네. 그래서 지금까지 큰 어려움 없이 일할 수 있었지. 하버드의 교육으로 정말 많은 것을 얻었어."

어느 심리학자가 이런 말을 했다.

"실적은 말로 표현하는 것이 아니다. 실적을 내는 한 상사는 당신의 노력을 분명히 알 수 있다."

자신의 학식과 능력이 우수하다고 이를 번번이 내세우는 사람이 있다면 상사는 그를 매우 싫어할 것이다. 직장의 일원으로서 해야 할 말이 있고, 하지 말아야 할 말이 있다는 것을 분명히 파악해야 한다. 상사의 직장 경험은 당신보다 훨씬 풍부하다. 그러므로 상사 앞에서 남의 공을 가로채 상을 받으려는 시도는 하지 말아야 한다. 그런 모습은 오만하고 진중하지 못하며, 미성숙한 인상을 남긴다. 게다가 상사는 더 이상 당신을 신뢰할 수 없게 될 것이다. 그렇게 되면 이제 '내리막길'을 내려갈 일만 남게 되니 불필요한 심리적 부담만 껴안게 된다. 그러므로 잔꾀를 부려 남의 공을 가로채 상을 받으려는 것은 물론, 빙빙 돌려 그 뜻을 전달하려는 것 역시 직장 내 금기사항이라는 것을 명심해야 한다.

휴머니즘 관리가
업무 효율을 높인다

● '관리'라고 하면 많은 사람들이 '속박'이나 '억압'을 떠올린다. 그런데 이렇게 관리하는 것은 많은 부작용을 낳는다. 규율이 많을수록 사람들의 반항심이 커져 업무의 효율성을 올리기 어렵다. 현명한 리더는 항상 직원이 무엇을 필요로 하는지 먼저 이해하고 최대한 만족시켜준 다음 회사와 자신의 일에 대한 직원의 열정을 자극한다. 이렇게 하면 그 직원은 책임을 다해 적극적으로 업무에 참여하게 된다. 다시 말해 소극적인 태도를 적극적인 태도로 바꿀 수 있다.

하버드는 세계에서 가장 우수한 인재들이 모인 곳이다. 그 모든 하버드생의 마음에는 휴머니즘 관리 철학이 심어져 있다. 이것이 바로 하버드인이 기업에서 남들보다 더 나은 위치를 차지하는 비결이다.

마이크로소프트는 줄곧 휴머니즘 관리에 힘을 쏟았다. 이는 다른 회사 직원들의 부러움을 샀다.

마이크로소프트에서 모든 직원은 자신의 독립된 사무실을 갖고, 각각의 사무실은 서로 분리되어 있다. 이 사무실에는 독립된 출입문이 있고, 큰 유리창이 있다. 직원들은 창문을 통해 밖을 내다볼 수 있다. 사무실의 면적은 대부분 비슷하다. 빌 게이츠도 예외는 아니다. 사무실의 위치 역시 직원 스스로 선택할 수 있다. 만약 자신이 처음 선택한 위치가 마음에 들지 않는다면 만족할 때까지 계속 변경 신청을 할 수 있다.

마이크로소프트의 모든 직원은 자신의 사무실에 절대적인 자주권을 갖는다. 자신의 습관에 따라 책상의 위치를 정할 수 있고, 개인의 취향에 따라 인테리어를 변경할 수 있다. 이에 대해 누구도 간섭할 수 없다. 마이크로소프트의 이러한 환경은 다른 회사와는 크게 구분된다.

마이크로소프트의 휴머니즘 관리는 업무 환경의 모든 면에 나타난다. 직원들은 이를 흥미롭게 느끼고 일을 할 때 편안함을 느낀다.

미국 시애틀의 마이크로소프트 본사 빌딩은 유리와 철근으로 만들어졌고, 빌딩 전체가 투명하다. 빌딩 바닥에는 두툼한 카펫이 깔려 있으며, 옥상에서는 따뜻한 불빛을 내보낸다. 그런데 빌딩 안 구석구석을 다녀보면 이상한 점을 발견할 수 있다. 빌딩 전체에서 시계를 찾아볼 수 없다는 점이다. 이것 역시 마이크로소프트의 휴머니즘 관리의 특색이다.

마이크로소프트의 직원들은 스스로 출퇴근 시간을 정한다. 잔업도 스스로 결정한다. 시애틀의 날씨는 맑은 날이 드물기 때문에 맑고 화창한 날이면 직원들은 바깥으로 나가 자유롭게 산책하며 햇볕을 쬘 수 있다. 마이크로소프트에서는 아무도 직원에게 이렇게 해라, 저렇게 해라 말하지 않는다. 어떤 도구를 사용하는지도 모두 스스로 결정한다.

예를 들어 새로운 프로그램을 테스트해야 할 경우 규정된 테스트 방법이나 절차도 없다. 새로운 프로그램에 대한 자신의 이해에 따라 진행하고, 프로그램의 설계 원리나 사용자의 사용 습관 등을 고려하면 된다. 만약 업무 중 문제점을 발견하면 직원들은 자신의 역량과 지혜로 해결한다. 이렇게 하면 직원들은 성취감을 느낄 수 있고, 업무 중에 더 큰 자발성을 발휘하여 더욱더 만족스러운 제품을 만들어낼 수 있다.

하버드인인 빌 게이츠는 기발한 휴머니즘 관리를 통해 직원들의 업무 열정을 자극해 불후의 마이크로소프트 제국을 만들었다. 동시에 창의력이 뛰어난 인재를 모으는 데 힘썼다.

심리학자들은 "직원을 두 손으로 일하는 도구로만 볼 것이 아니라 더 효과적으로 역량을 발휘하도록 한다면 그들은 풍부한 지혜의 원천이 될 것"이라고 말한다. 한 기업에서 리더는 끊임없이 명령을 내리고, 직원은 기계처럼 일한다면 직원이 100% 정확하게 일한다고 해도 회사에 창조적인 성과를 가져다주지는 못할 것이다. 리더는 직원의 이익에서 출발해 그들의 실질적인 문제를 해결해주고, 모두에게 자신을 개발할 수 있는 기회를 제공해야 한다. 유쾌한 업무 분위기를 조성하여 직원과 회사가 하나 되어 더 많은 가치를 창출하는 것이 바로 휴머니즘 관리의 목적이다.

가끔씩
딴 생각도 하라

● 간혹 어떠한 난제에 부딪혀 속수무책의 상황에 놓일 때가 있다. 그럴 때 어디서부터 어떻게 손을 대야 할지 막막해 일단 다른 일부터 하고 있다 보면 갑자기 영감이 떠오르기도 한다. 아무리 생각해도 갈피를 잡을 수 없었던 문제의 답이 문득 떠오르는 것이다. 심리학에서는 이를 '부화 효과(incubation effect)'라고 한다.

하버드의 한 심리학자는 "부화 과정에서 기억 속의 관련 정보를 추리하고 잠재의식과 조합하게 된다"고 말했다. 휴식 중에 갑자기 고민하던 문제의 답이 떠오르는 것은 긴장 상태에서 벗어나 창조적인 사고를 하게 되기 때문이다. 어려운 문제에 직면한다면 그것에만 너무 몰두하기보다 친구와 잡담을 하거나 아무 상관없는 일을 해보자. 그러면 답이 저절로 나올지도 모른다.

실베이라라는 심리학자는 한 가지 실험으로 부화 효과를 입증했다.

실베이라는 피실험자들에게 '목걸이' 문제를 냈다. 그리고 다음과 같이 설명했다.

"당신 앞에는 네 개의 사슬이 있는데, 각각의 사슬에는 세 개의 고리가 있습니다. 하나의 고리를 여는 데 2분의 시간이 걸리고, 고리 하나를 닫는 데 3분이 걸립니다. 시작할 때 고리는 모두 닫혀 있습니다. 15분 안에 이 열두 개의 고리를 전부 연결하여 커다란 목걸이를 만들어야 합니다."

세 그룹의 피실험자들에게는 모두 30분이 주어졌다. 첫 번째 그룹에서는 30분 동안 55%의 사람이 문제를 풀었다. 두 번째 그룹에게는 30분 중간에 30분을 더 주고 다른 일을 하도록 한 후 계속 실험을 이어갔다. 그러자 64%의 사람이 문제를 풀었다. 세 번째 그룹에게는 30분 중간에 네 시간을 주며 다른 일을 하도록 했다. 그랬더니 놀랍게도 85%의 사람이 문제를 해결했다.

두 번째 그룹과 세 번째 그룹의 피실험자들은 잠시 다른 시간을 가진 뒤 다시 문제를 풀 때 그전에 하던 풀이를 이어서 진행하지 않고 첫 번째 그룹처럼 처음부터 다시 시작했다.

부화 효과는 생각의 틀을 깨고 새로운 사고를 촉진한다고 볼 수 있다. 표현의 형식과 사고의 본질 면에서 보면 부화 효과에는 비논리적이고 자발적이라는 두 가지 특징이 있다.

첫째, 부화 효과는 연역의 추리 형식이나 귀납 논리 또는 기타 규칙성을 보이지 않는다. 논리의 규칙에 속박되지 않으며, 논리 절차를 뛰어넘어 바로 결론을 도출하기도 한다. 하버드 출신 에버트는 한 학술 법칙을 증명할 때 무수히 많은 실험을 진행하고 다량의 자료를 참고하면서 2년 넘게 시달렸다. 그러던 어느 날 청소를 하면서 갑자기 신기한 생각이 떠올라 그 방법으로 마침내 성공을 거두었다. 그는 되돌아보며 "마치 번개가 번쩍하듯이 문제가 한 번에 해결되었죠. 왜 그랬는지는 모르겠지만 원래 알고 있던 것과 새로운 무언가가 갑자기 묘하게 연결 되었어요. 아마 이것이 심리학에서 말하는 부화 효과인 것 같아요. 참으로 완벽하게 들어맞았죠"라고 말했다.

둘째, 부화 효과는 일종의 돌발적인 창의 활동으로, 어떤 문제에 대해 골똘히 생각한 다음 생각지도 못한 상황에 갑자기 발생한다. 그것은 사고 운동의 돌발적인 비약인 동시에 자발성을 가지며 돌발, 급변, 돌파의 특징을 갖는다.

하버드 심리학과 교수는 학생들에게 한 문제에 대해 연구할 때 자료를 충분히 수집하고 심도 있게 탐색하여 답을 찾는 과정에서 한 길만 고집하지 말라고 말한다. 그 문제에 대한 생각을 잠시 지우고 다른 일로 생각을 전환함으로써 가치 있는 생각이 자연적으로 부화되고 숙성되어 탄생하도록 해야 한다고 강조한다. 이렇게 문제에 대한 생각을 한동안 완전히 지워야 오랫동안 지속된 심리적 긴장에서 벗어날 수 있다. 그러는 사이 우리가 수집한 자료는 기계적으로 대뇌에 남아 있지 않고 끊임없이 가공하고 개편되어 새로운 생각을 만들어낸다. 이것은 우리가 몰랐거나, 아니면 거의 의식하지 않은 일종의 심리 활동이다. 흔히 말하는 '영감이 떠오른다'거나 '문득 깨달았다'는 것이 바로 이러한 부화 과정을 거친 후 갑자기 나타나는 지혜의 스파크 같은 것이다. 성공은 이렇게 우연을 가장한 필연 속에 담겨 있다.

관용은
소리 없는 가르침

● 어떤 사물이나 현상을 바라보는 관점은 사람마다 다르기 때문에 직장에서 일을 하다 보면 오해가 생길 수도 있고, 그 오해가 장벽을 만들어 불행한 결과를 초래하기도 한다. 어떠한 성과를 거두기 위해서는 관용을 먼저 베풀어야 하며, 나와 다른 견해를 포용하고 이해하려는 도량을 키워야 한다. 그래야만 직장에서 성공 가도를 달릴 수 있다.

미국의 애리조나 주에는 갈 곳 없는 노숙자들이 묵는 보호소가 있다. 보호소의 소장이 당직을 서는 날이었다. 야간 순찰을 돌고 있을 때 담장 모퉁이에 의자하나가 있는 것을 발견했다. 누군가 무료함을 견디지 못하고 담을 넘어 밖에 나가 바람을 쐬려 한 모양이었다. 소장은 조용히 벽으로 다가가 의자를 치우고 바닥에 쪼그려 앉았다. 잠시 후 정말 누군가 벽을 넘었다. 그는 암흑 속에서 소장의 등을 밟고 밖으로 나갔다. 하지만 두 발이 착지하는 순간, 방금 밟은 것이 의자가 아니라 보호소 소장이라는 사실을 알게 되었다. 그는 너무 놀라 어쩔 줄 몰라 했다. 하지만 뜻밖에도 소장은 그를 꾸짖지 않았다. 오히려 다정하게 "어둡고 날이 차니 감기 들겠어요. 어서 방으로 돌아가 주무세요"라고 말했다.

소장은 관용으로 규칙을 어기고 담장을 넘은 사람을 용서했다. 그는 관용이 소리 없는 가르침이라는 것을 알고 있었던 것이다.

사사건건 따지는 사람은 결국 더 많은 것을 잃고 만다. 반면 관용을 베푸는 사람은 매사에 긍정적으로 임하고, 어려움에 직면했을 때나 위험이 닥쳤을 때 침착함을 유지할 수 있다. 이런 사람은 분명 존경할 만하다.

누구도 모든 일을 완벽하게 할 수는 없다. 또 누구나 실수를 한다. 심리학자들은 "마음을 평온하게 유지하는 사람이 근본적으로 모든 것을 너그럽게 용서할 수 있다"고 말한다. 만약 용서할 수 없는 어떤 상황에 맞닥뜨린다고 해도 반드시 관용을 기억하고 너그러운 마음으로 이해해야 한다.

너그러운 사람이 사업에서도 성공한다. 잘못을 일일이 따지지 않고, 과거의 나쁜 감정을 털어버리고, 득실을 대수롭지 않게 여기는 것은 더 큰 관용이다. 관용을 베풀면 사람들의 지지를 얻을 수 있고, 적극적이고 진취적인 마음을 유지할 수 있으며, 언제나 올바른 판단력을 유지할 수 있다.

하버드 대학교 심리학과에는 '비지적(非智的) 요인, 즉 정서적 요인이 한 사람의 성공에 미치는 영향'이라는 필수 과목이 있다. 이 수업에서는 특히 관용의 가치를 강조한다. 관용을 강조하는 이유는 성공하기 위해 반드시 갖춰야 할 필수 요건이기 때문이다.

믿기 힘들다면 한번 '관용' 없이 행동해보라. 그러면 당신은 영원히 성공할 수 없을 것이다. 다른 사람의 작은 실수를 원망하며 마음에 담아두거나, 아니면 복수라도 할 생각을 한다면 이러한 사소한 일 때문에 자기 계발을 할 여력을 잃을 것이다.

다른 사람과 의견 차이가 있을 때 우선 입장을 바꾸어 생각해보자. 그들이 왜 그렇게 생각하고 그렇게 행동했을지 생각해본 다음 자신의 방법과 그들의 방법을 비교해보자. 다른 생각이나 다른 배경을 가진 사람과도 친구가 되어 그들의 생각을 이해하고 새로운 관점을 받아들일 수 있어야 한다. 심리학자들은 "다른 사람들의 결점을 지적하지 않아야 하며, 공연한 원망을 품어서는 더더욱 안 된다"고 말한다. 그렇게 해야만 관용도 베풀 수 있다.

관용은 인생의 지혜이며, 관용의 미덕을 가지면 실수를 범한 사람을 용서하고 받아들일 수 있다. 남에게 관용을 베푸는 것은 성공으로 가는 문을 여는 것과 같다. 관용의 미덕을 지닌 사람은 그 힘으로 자신의 위대한 꿈을 실현할 수 있고, 자신의 사업을 성공으로 이끌 수 있다.

다양한 생각을
들어봐야 한다

● 리더의 결정은 한 기업의 성패를 좌우한다. 일단 결정을 내렸더라도 실행하는 과정에서 편차가 생기면 보완할 수 있지만, 잘못된 결정은 종종 최악의 실패를 가져온다. 실행 과정에서 도저히 보완할 수 없는 경우도 있기 때문이다. 현명한 결정을 내리기 위해서는 다양한 목소리를 들어야 한다. 다시 말해 다른 여러 생각을 분석해야 한다. 그래야만 가장 올바른 결정을 내릴 수 있다.

빌 게이츠는 엔지니어를 발굴하는 눈이 뛰어났을 뿐만 아니라 훌륭한 리더이기도 했다. 하버드 대학교에는 이런 이야기가 전해 내려온다.

어느 날 빌 게이츠가 한 가지 중요한 결정을 내리기 위해 회의를 주재했다. 그는 우선 자신의 관점을 설명하고, 실행 가능한 방안을 제시했다. 그리고 회의에 참석한 사람들과 논의를 시작했다. 빌 게이츠가 내놓은 방안에 대해 회의 참석자 전원이 동의했고, 회의가 진행되는 동안 아무런 의견 분쟁도 없었다. 그런데 막 표결을 하려고 할 때 빌 게이츠가 갑자기 이렇게 선언했다.

"잠시 정회하도록 하겠습니다. 이 안건은 다른 의견이 제시될 때까지 연기하고, 다시 회의를 열어 최후 결정을 내리도록 하겠습니다."

이 짧은 이야기는 수년간 하버드인들에게 영향을 미쳤다. 빌 게이츠의 행동은, 최고의 결정을 내리기 위해서는 반드시 의견의 차이와 격렬한 논의가 있어야 한다는 것을 보여준다. 만약 다른 의견이 없다면 문제를 보류하고, 충분히 연구하고 구체적으로 토론을 한 후에 다시 최후의 결정을 내려야 한다. 다시 말해 회사의 상황과 정책 의도를 이해한 다음 여러 다른 의견을 듣고 이익과 손해의 균형을 맞추고 방안을 보완하여 가장 좋은 방안을 도출해야 한다. 이것 역시 하버드의 인재 배출 비결이라고 볼 수 있다.

마찰이 없다면 합을 맞출 수 없다. 논쟁이 있어야 높은 수준의 결론이 나온다. 심리학자들은 "논쟁이 있어야만 가장 좋은 의견과 가장 정확한 결정이 탄생한다"고 말한다. 다른 의견은 당신의 생각을 부정하는 것이 아니라 당신으로 하여금 끊임없이 훌륭한 방안을 보완하여 최고의 결정을 내리도록 한다.

다른 의견을 주의 깊게 듣는 것은 매우 중요한데, 그 이유는 크게 세 가지로 나눠볼 수 있다.

첫째, 다른 의견을 통해 장점을 취하고 단점을 보완하면서 결정을 더욱 최적화할 수 있다.

둘째, 서로 다른 의견의 논쟁은 자발성과 창의성을 발휘하도록 한다. 모두 함께 고민하면 결정이 났을 때 함께 힘을 모아 실행할 수 있다.

마지막으로 서로 다른 의견은 잘못된 결정의 구세주가 될 수 있다. 실행 과정에서 정책의 오점이 발견되면 논쟁 중의 반대 의견으로 보완할 수 있다.

리더들은 자신이 독단적으로 결정하기를 좋아한다. 정책을 결정할 때 조금이라도 다른 의견은 듣지 않는다. 이럴 경우 '확실히 아니라는 것을 알면서도 감히 다른 의견을 내지 못하는' 분위기가 조성된다. 그런데 이런 결정은 실수를 낳기 마련이다. 리더는 모든 여러 의견을 폭넓게 들으면서 사업에 끼치는 불필요한 손실을 피할 책임이 있다.

최악의 상황을
항상 생각하라

● 어떤 일을 하는 데 있어서 최악의 상황을 생각해야 하는 때도 있다. 최악의 상황을 예상하면 성공하지 못하더라도 최소한 정신적인 충격은 피할 수 있다. 가장 최악의 상황을 생각해두면 오히려 성공할 확률이 높아지기도 한다.

줄곧 잘 운영되었던 무역회사의 영업액이 글로벌 경제 위기의 영향으로 대폭 감소하자 사장은 하루하루 근심으로 밤잠을 이루지 못했다. 마침 크리스마스가 다가올 무렵이었는데, 직원들에게 연말 보너스로 월급의 2개월 치밖에 줄수 없는 현실이 한탄스러웠다.

'여행을 계획한 직원이 있으면 어쩌지. 새로운 차를 살 수도 있잖아. 보너스 받을 날만 기다리고 있을 텐데. 직원들은 예년처럼 최소한 월급의 6개월 치를 보너스로 받을 거라고 생각하겠지?'

사장의 부인도 근심 어린 목소리로 말했다.

"아이들에게 사탕을 주는 것과 같죠. 항상 한 봉지씩 주다가 어느 날 갑자기 사탕을 하나만 주면 아이들은 울고불고 난리가 난다고요."

사장은 이 말을 듣고 좋은 생각이 떠올랐다. 3일 후 회사에는 '경기 불황으로 연말 송년회는 취소되고 구조조정까지 있을 것'이라는 소문이 돌았다. 그러자 직원들은 자신이 해고를 당하지 않을까 두려워했다.

며칠이 지난 후 사장은 "모두가 한 배를 탔으니 함께 협심하여 어려움을 극복합시다. 회사가 어렵기는 하지만 아무리 어려워도 함께 어려움을 헤쳐 나가는 동료를 희생시킬 수는 없습니다. 하지만 연말 보너스는 지급하기가 어렵겠습니다"라고 발표했다. 구조조정을 피하는 것만으로도 모두 안심했다. 누구 하나 연말 보너스를 받지 못한다고 불평하는 사람은 없었다.

구조조정이 없을 것이라고 발표하고 이틀 후 사장은 각 부서의 팀장에게 회의 소집을 통보했고 긴급회의가 열렸다. 직원들은 어리둥절해서 서로 얼굴만 바라보고 있었다. 하지만 곧 팀장들은 자신의 부서로 돌아와 흥분하며 크게 소리쳤다.

"좋은 소식입니다! 연말 보너스가 나온답니다. 월급의 무려 2개월 치 보너스요! 모두들 즐거운 크리스마스 보내시기 바랍니다!"

순식간에 회사는 파티 분위기로 바뀌었다.

사람의 감정이라는 것이 이렇게 미묘하다. 원하는 것이 많을수록 얻는 것은 적고, 실망도 커진다. 먼저 최악의 상황을 생각하면 그보다 조금 나은 결과에도 기쁨은 배가된다. 일을 할 때에도 최악의 상황에 대비하면 마음이 편해진다.

　그렇다면 구체적으로 어떻게 최악의 상황에 대비해야 할까?

　첫째, 마음속으로 최악의 상황에 대비하고, 돌발 상황에 대해 준비해야 한다. 이것은 일종의 심리적 설계다. 마음의 준비가 되어 있으면 돌발 상황이 생기더라도 덜 당황할 수 있다.

　둘째, 대응 방법을 생각해둬야 한다. 돌발 상황이 발생했을 때 어떻게 대응할지를 미리 생각해두자.

　어떤 일이든 노심초사해서는 안 된다. 최악의 상황을 염두에 두면 적극적으로 용감하게 대응할 수 있고, 달갑지 않은 일들도 수용하게 된다.

경쟁자가 있으면
더 분발하게 된다

● 어쩌다 집에 손님이 오면 아이들은 너무 좋아하며 흥분을 감추지 못한다. 아이들에게는 아주 강렬한 표현 욕구가 있기 때문이다. 이것은 흔한 일이며, 아이에게만 국한되지 않는다. 많은 성인이 공공장소에서 이런 행동을 보이기도 한다. 심리학에서는 이러한 심리와 행동을 '사회적 촉진 효과'라고 한다. 이를 맨 처음 연구한 사람은 사회심리학자다.

그는 우연히 사이클 선수들이 훈련하는 모습을 보고 여러 명의 선수가 함께 훈련할 때보다 혼자서 훈련할 때 실력이 20% 정도 낮다는 사실을 발견했다. 그는 아이들을 대상으로 낚싯줄 감는 실험도 진행해보았다. 먼저 아이들을 두 그룹으로 나누고 첫 번째 그룹은 혼자서 하도록 하고, 다른 그룹은 함께 모여 하도록 했다. 그러자 함께 모여서 한 그룹의 효율이 혼자서 한 그룹보다 10% 높게 나타났다. 이로써 그는 혼자 할 때보다 여러 명이 함께 있을 때 효율이 더 높아진다는 결론을 도출했다.

심리학자 뮌스터베르크와 모드도 이와 유사한 실험을 잇달아 진행했다. 그리고 실험을 통해 때로는 함께 하는 것이 효율성을 낮춘다는 사실을 발견했다. 시를 암송하고, 작문을 하고, 수학 문제를 풀 때에는 혼자서 하는 것이 더 효율적이었다. 다른 사람과 함께 하거나 다른 사람이 옆에서 보고 있으면 오히려 마음이 산란해져 효율이 떨어졌다.

그렇다면 효율이 올라가거나 내려가는 것은 어떻게 결정되는 것일까? 심리학자들은 "사람에 따라 어떤 활동을 할 때 익숙한 부분과 익숙하지 않은 부분이 있기 마련"이라고 말한다. 만약 익숙한 부분이 우위를 점하면 효율성이 올라가고, 반대로 익숙하지 않은 부분이 우위를 점하면 효율성이 떨어지는 것이다.

많은 사람들이 혼자서 음식을 먹으면 맛이 없게 느껴지고, 누군가와 함께 먹으면 그저 그런 음식도 맛있게 느껴지면서 식욕이 올라가는 것을 경험한 적이 있을 것이다. 또 많은 사람들이 함께 모여 월드컵 경기를 보면 고함소리는 더욱 크고 잦아진다. 여럿이 함께 걸으면 혼자서 걸을 때보다 빠르게 느껴지고 피로도 덜 느낀다. 상사가 함께 있을 때 주목을 받는 직원은 주의가 좀 산만하더라도 분명 열심히 일하려고 노력할 것이다. 이와 같은 사회적 촉진 효과가 함축하는 의미는 이미 오래전에 알려졌다.

19세기 유럽의 산업혁명 당시 한 기업의 관리자는 대장장이가 철판을 두드릴 때 주변에 동료가 함께 있으면 그 속도가 올라간다는 사실을 발견했다. 그래서 그 기업의 관리자는 군중이 개인에 미치는 심리 영향을 이용하여 직원들의 잠재력을 자극했다. 업무 방식을 조별 작업으로 바꾸고, 이를 통해 각 직원 간의 관계를 경쟁적인 파트너로 바꾸었다. 직원들은 경쟁 속에서 내재적 동력을 지속적으로 끌어올렸고, 최대한 노력해 자신의 일을 완수하고 자신의 가치를 충분히 드러내며 '사회적 촉진'의 목적을 실현했다.

하버드의 한 심리학자는 사회적 촉진 효과를 일으키는 심리적 메커니즘에 대해 이렇게 해석했다.

"다른 사람의 업무 성과나 동작의 외적 자극이 있는 상태에서는 똑같거나 유사한 심리적 반응 또는 행동을 표출한다."

오늘날 많은 리더들이 사회적 촉진 효과의 역할을 더욱 두드러지게 하기 위해 무리 속의 심리적 자극을 이용하고 있다. 가령 사무실 자리에 낮은 칸막이를 두는 식이다. 이렇게 하면 직원들의 사회성과 사무 공간에서의 집중도를 최대한 끌어올릴 수 있어 직원들을 자극하는 목적을 달성할 수 있고, 회사 입장에서는 더 많은 가치를 창출할 수 있다.

물론 사회적 촉진 효과에도 한계는 있다. 한 단체가 부가가치를 실현할지의 여부는 구성원들의 협동 방향과 그 정도에 달려 있다. 기업의 리더가 '단체'를 부당하게 운용한다면 긍정적인 효과를 기대할 수 없다. 오히려 성과를 억제할 뿐이다.

'절충안'을
활용하는 기술

● 오래전 미국의 주방용품 판매회사인 윌리엄스 소노마에서 고급 제빵기를 출시했었다. 당시 가장 잘 팔리던 제빵기보다 훨씬 좋은 제품이었다. 그런데 이상하게도 이 제품이 출시되자 오히려 원래 잘 팔리던 제빵기의 매출이 두 배로 뛰었다.

이타마르 시몬슨 교수는 고객이 여러 모델의 상품 중 하나를 고를 때 '절충안(최소한의 사용을 만족시키면서 심리적으로 최고 가격을 초과하지 않는 상품)'을 선택한다고 생각했다. 다시 말해 두 개의 상품 중 하나를 선택할 때에는 가격이 더 낮은 쪽을 선택한다는 것이다. 이때 가격이 더 높은 상품이 등장하면 고객은 가장 싼 상품을 포기하고 중간 가격의 상품을 선택한다. 이러한 고객의 심리 때문에 윌리엄스 소노마가 출시한 고급 제빵기는 원래 잘 팔리던 제빵기를 '절충안'으로 만들어 더욱 불

티나게 팔리는 상황이 연출된 것이다.

이 사례가 시사하는 것은 무엇일까? 그렇다면 어떻게 해야 더 많은 이윤을 얻을 수 있을 것인가?

가령 당신이 회사의 사장이나 영업팀장인데 팔아야 할 몇 가지 상품과 서비스가 있다고 하자. 이때 그와 비슷한 고급 제품이 존재할 경우 당신의 판매에 최소한 두 가지 장점을 가져다줄 것이다.

첫째, 고급 제품은 소수의 소비 그룹을 만족시키고, 그 회사는 업계의 선두에 위치한다는 인상을 준다.

둘째, 고급 제품이 가져다주는 또 다른 잠재적 장점은 그보다 낮은 등급의 제품 가격을 더욱 매력적으로 보이게 한다는 것이다.

일상 속에서 우리는 이 원리를 충분히 이해하지 못하고 있다. 가장 익숙한 예를 들면 많은 술집에서 비싼 술을 메뉴판의 아래쪽에 표시한다. 이렇게 되면 고객이 미처 보지 못할 수도 있다. 그리고 일부 술집에서는 비싼 술의 메뉴판을 따로 만들기도 한다. 두 개의 메뉴판은 가격에 따라 술을 대비시켜 중간 가격의 술이 갖는 절충안의 장점을 살리지 못한다. 그 결과 중간 가격의 술은 매력을 상실하고 만다.

사실 조금만 생각을 바꾸면 매출을 올릴 수 있다. 비싼 술과 다른 술을 함께 표시하고, 비싼 술을 좀 더 눈에 띄게 메뉴판의 맨 위에 표시하는 것이다. 이렇게 하면 중간 가격의 술은 절충안이 되어 사람들의 선택을 받기 쉽다. 이러한 원리는 업무 환경에도 적용해볼 수 있다.

당신이 크루즈에서 열리는 회의에 참석하게 되었다고 하자. 이때 창문이 있는 객실에 묵고 싶더라도 사장에게 직접 그런 요구를 하지는 말아야 한다. 가장 좋은 방법은 사장에게 여러 가지 보기를 주는 것이다. 누가 봐도 좋아 보이지 않는(창문이 없는) 방과 방은 좋지만 가격이 비싼 (발코니까지 있는) 방을 제시하는 것이다. 이런 식으로 사장에게 선택의 여지를 주면 원래 희망하던 창문이 딸린 방에 묵을 가능성이 높아진다.

절충안 전략이 제빵기의 판매나 술집의 영업 또는 숙박에만 국한되는 것은 아니다. 어떠한 제품이나 서비스를 판매하든 고가의 제품을 제시해 중간 가격 제품을 잘 팔리게 할 수 있다. 고급 제품의 등장은 고객의 심리를 적절히 이용해 한 단계 낮은 제품의 판매를 촉진하면서 전체 매출에 무시할 수 없는 역할을 한다.

잠재력을 자극하는
말파리 효과

● 아무리 게으른 말이라도 말파리에게 물리면 정신을 차리고 전력을 다해 달린다. 왜 그럴까? 가령 아주 게으른 말이 있다고 하자. 그런데 갑자기 말파리가 날아와 물면 몸 전체가 아파진다. 통증은 즉시 말을 자극하여 고통에서 벗어나고자 빨리 달리게 한다. 이것을 '말파리 효과'라고 한다. 리더가 '말파리'라는 자극 요소를 적절히 활용하여 직원들의 능력을 끌어올려 전력을 다해 일하게 한다면 기업의 수익은 더욱 늘어날 것이다.

하버드를 졸업한 먼은 일을 시작한 지 2년 만에 선거를 통해 부사장으로 승진했다. 하루는 비서가 그에게 서류를 전달하러 갔다가 사무실에서 나오는 사드스와 마주쳤다. 비서는 먼에게 말했다.

"앞으로는 저 사람을 멀리하세요. 그에게 중책을 맡기시면 안 됩니다."

"그게 무슨 말입니까?"

먼은 이해할 수 없다는 듯 물었다.

"사드스, 저 사람은 굉장히 오만한 사람이거든요."

비서가 말했다.

"게다가 저 사람은 자기가 부사장님보다 능력이 뛰어나다고 생각한다니까요."

먼은 자기도 모르게 웃음이 나왔다.

"사드스 말고 나보다 능력이 출중하다고 생각하는 사람은 또 누가 있어요?"

"정말 모르시군요."

비서는 의심스럽다는 듯 물었다.

"그런데 그건 왜 물으시죠?"

먼이 대답했다.

"그 사람에게 중책을 맡기려고요."

나중에 알고 보니 비서가 한 말은 모두 사실이었다. 사드스는 정말 오만하기 그지없고 이기적이며, 질투심이 강한 사람이었다. 하지만 사드스는 분명 능력이 있고 똑똑했다. 먼은 그를 신뢰하여 영업부 팀장으로 임명하면서 최대한 그와의 정면충돌을 피했다.

먼의 비서는 사드스의 행동에 불만을 가졌다. 하루는 이 비서가 다른 사람과 잡담을 하다 사드스가 요즘 활발하게 움직이는 것이 부사장의 자리를 탐내기 때문이라는 이야기를 들었다. 비서는 이 소식을 먼에게 전했다. 그런데 어찌된 영문인지 먼은 화를 내기는커녕 의미심장하게 말했다.

"말파리에 대한 이야기를 들어본 적이 있습니까? 말은 말파리에 물리면 정신이 번쩍 나서 열심히 달립니다. 이 말파리를 떨어뜨리려고 하지 마세요. 말파리는 말을 빨리 달리게 하는 원동력이니까요. 지금 사드스에게 부사장이 되려는 욕망이 바로 말파리입니다. 그것 때문에 사드스가 소속된 부서가 열심히 달리고 있죠. 그런데 그걸 왜 떼어내겠습니까? 이것이 바로 하버드가 알려준 경영 관리 비결입니다."

요즘 많은 기업의 리더들이 먼과 같이 말파리 효과를 중시한다. 마이크로소프트나 와이어스, 애플 등 세계적 기업이 말파리를 키우는 모범적인 사례다.

사실 사드스와 같이 오만하고 야심 가득한 사람은 거의 모든 기업에 있다. 이들은 종종 다른 직원이 넘볼 수 없는 강점을 가지고 있다. 학력이 높거나 능력이 출중하거나 업무 경험이 많다. 이러한 강점을 가진 그들은 물질과 권력에 대한 욕구가 상당히 강해서 쉽게 만족하지 못한다. 마치 그들의 몸에 달라붙은 말파리처럼 말이다. 이 말파리가 무는 것은 그들을 더욱 열심히 달리게 하는 자극이 된다.

심리학자들은 "사람이나 회사가 더 잘 생존하고 발전하려면 경쟁 상대가 될 또 다른 누군가나 또 다른 기업이 필요하다"고 말한다. 능력이 출중하고 독립심이 강하며 혁신적인 사람에게 리더는 말파리 효과를 적절히 활용하여 경쟁의 목표를 제시하고, 그들에게 적합한 업무 환경을 조성해줘야 한다. 이렇게 해야 충돌은 피하면서 그들이 자신의 지혜와 능력을 최대한 발휘하여 회사의 실적을 높이게 할 수 있다.

칭찬은
언제나 옳다

● 어느 날 하버드 대학교의 한 심리학과 교수가 감기에 걸려 병원에 갔다. 주사실에는 간호사가 한 명 있었는데, 왜 그런지 미간을 잔뜩 찌푸리고 있었다. 이것을 본 교수는 순간 이 간호사를 웃게 해야겠다고 생각했다. 그래서 간호사가 교수에게 주사를 놓으려고 할 때 다정하게 말했다.

"목소리가 정말 좋으시네요. 노래 잘 부르시겠다."

간호사는 잠깐 어리둥절해하더니 금방 환하게 웃었다.

"칭찬해주셔서 감사합니다. 실은 제 목소리를 많이들 부러워해요."

그 교수는 주사를 다 맞고 바로 돌아가지 않고 옆에서 몰래 그 간호사를 지켜봤다. 이후 간호사는 밝게 웃으며 일을 했다.

이 교수는 이렇게 설명한다.

"사람은 누군가의 칭찬을 받을 때 많은 잠재적인 에너지가 방출된다.

그렇기 때문에 사람들이 고민에 빠져 있을 때에는 무슨 일을 해도 의욕이 없고, 마음이 즐거울 때에는 무슨 일이든 순조롭게 진행되는 것이다."

이 교수의 이론이 알려지면서 많은 기업의 리더들이 그것을 경영 관리에 응용하고 있다. 리더라면 모든 직원이 각각의 장점을 가지고 있다고 믿어야 한다. 너그럽고 진실하게 칭찬한다면 칭찬을 통한 신비한 효과를 체험할 수 있을 것이다.

두 곳의 주류회사에서 각각 한 명의 영업사원을 마트의 판촉업무를 위해 파견했다. 그리고 한 달 동안 두 명 모두 80병의 양주를 팔았다. A회사의 사장은 그 직원에게 "잘했네. 80병이나 팔다니 훌륭하군"이라고 말했다. 사장의 칭찬을 받은 직원은 한껏 고무되었다. 직원은 속으로 '다음 달에는 더 노력해서 꼭 100병을 채워야지'라고 생각했다. 반면 B회사의 사장은 직원에게 "어떻게 된 일인가? 100병도 못 팔다니. 도대체 뭘 한 건지 모르겠군"이라고 말했다. 사장에게 핀잔을 들은 직원은 속으로 생각했다. '80병도 얼마나 힘들게 판 건데. 자기가 가서 팔아보라지.'

이 경우 결과는 뻔하다. A회사 영업사원의 실적은 갈수록 증가했고, B회사 영업사원의 실적은 날이 갈수록 떨어졌다. 이것이 바로 칭찬과 질책의 차이다. 심리학 연구를 통해 긍정적인 평가와 부정적인 평가 간에 비대칭성이 나타난다는 사실은 이미 입증되었다. 긍정적인 평가를 받은 직원은 더 노력하여 더욱 많은 성과를 창출했다. 반면 질책을 받은 직원은 진취적으로 노력하지 않았을 뿐만 아니라 불만 때문에 업무에 소홀하여 결과적으로 효율성이 떨어지고 실적은 오히려 줄어들었다.

칭찬을 받으면 더 적극적으로 일하게 되고, 자신감도 생긴다. 진실하고 솔직하게, 적절히 격려하면 효율이 배가되는 결과를 낳는다. 우리는 다른 사람의 장점과 특징을 충분히 파악하여 칭찬을 아끼지 말아야 한다. 제때 받는 적절한 칭찬은 그 사람의 잠재력을 극대화하고, 성공의 기쁨을 맛보면 자신감이 생겨 업무에 더욱 흥미를 느끼게 된다. 또 단점과 잘못은 최대한 포용해주고, 질책과 비난을 삼가야 한다. 그것은 그 사람에게 상처와 공격이 될 뿐 그의 열정과 동력을 상실하게 한다.

아무리 작은 장점이나 성과라도 칭찬해보자. 칭찬할 때에는 형식적으로 하지 말고 진심으로 하는 것이 중요하다. 리더로서 칭찬할 것은 크게 칭찬해야 한다. 그러면 그들은 더욱 최선을 다해 일할 것이고, 업무 효율은 배가될 것이다.

받은 만큼
돌려주게 되어 있다

● 사람들은 꼭 자신이 받은 만큼 돌려주려 한다. 이것이 '호혜성(reciprocity)의 원리'다. 이 원리는 생활 곳곳에 광범위하게 적용된다. 한 사업가가 이를 자신의 제품 판매에 적용하기도 했다.

통조림 식품회사를 경영하는 한스는 회사의 지명도를 높이기 위해 미국 시카고에서 열리는 전국 박람회에 참가했다. 그런데 한스 회사의 제품이 전시장의 가장 구석에 배치되었다. 지명도를 높여볼 생각으로 참석한 것인데, 본래의 목적을 달성하기 어려워 보였다. 그래서 대회 주최 측에 자리를 바꿔줄 것을 요청했다.

주최 측에서는 이렇게 말했다.

"이것 좀 보세요. 여기에 참가한 기업들은 모두 유명 대기업이에요. 이 회사들의 제품은 가장 알맞은 자리에 놓을 수밖에 없어요. 한스 씨 회사의 제품도 가장 알맞은 위치에 놓은 거예요."

보아하니 눈에 띄는 자리에 놓인 제품은 모두 전국 판매 1, 2위를 다투는 제품이었다. 자신의 제품도 나쁘지는 않지만 그것들과 비교하면 확실히 명성이 약하긴 했다. 그렇다고 돈을 들여 박람회까지 왔는데 아무 소득 없이 빈손으로 돌아갈 수는 없었다.

박람회가 시작되자 참관하려는 사람들의 발걸음이 끊이지 않았다. 하지만 한스 회사의 부스를 찾아오는 사람은 드물었다. 전시 기간이 얼마 남지 않아 한스는 초조해지기 시작했다. 그는 밤새 침대에 누워 뒤척이며 고민했다. 그러다 다음 날 마침내 좋은 방법이 떠올랐다. 그는 부스를 벗어나 하루 종일 바쁘게 돌아다녔다.

세 번째 날이 밝았다. 박람회장 바닥에 갑자기 여러 개의 작은 메달이 등장했다. 메달의 뒷면에는 이렇게 새겨져 있었다.

"이 메달을 주우신 분은 전시장 한스식품 부스에서 기념품을 받아가세요."

메달을 주워 한스의 부스를 찾는 사람들이 줄을 이었다. 아무도 찾지 않던 구석진 부스가 갑자기 발 디딜 곳도 없이 붐비게 되었다. '한스 메달' 이벤트는 사람들의 입을 타고 퍼져나갔고 언론에까지 보도되었다. 이렇게 해서 한스 회사의 제품은 확실히 지명도를 높였고, 이 박람회에서만 55만 달러를 벌어들였다.

한스는 누구 하나 자신의 제품에 관심을 보이지 않는 상황에서 방법을 강구해 메달을 만들고 전시장에 뿌려 고객들이 자신의 부스로 찾아오도록 했다. 게다가 제품의 품질도 우수하니 '고마움+부담감+양질의 제품'의 조화를 만족시켜 고객들이 줄줄이 한스의 제품을 구매하게 되었다. 이처럼 작은 기념품을 증정하거나 무료 체험으로 고객에게 부담감을 주어 판매를 촉진하는 수단은 널리 쓰이고 있다.

휠러라는 회사에서는 의식주와 관련된 상품을 만여 가지나 판매한다. 상품은 하나같이 모양도 예쁘고, 품질도 우수하다. 게다가 종류도 다양해 없는 것이 없다. 그러다 보니 매일 고객이 구름같이 모여들었다. 상품의 다양화는 이 회사의 사업이 번창하게 된 이유 중 하나다. 하지만 손님을 끌어들이는 가장 중요한 노하우는 독특한 경영 방식에 있었다. 이 회사에서는 진열한 상품을 판매하는 것이 아니라 고객에게 시식해보고 사용해보도록 했다. 고객은 직접 먹어보고 입어본 후 만족하는 상품을 알려주고 돈을 지불한 다음 수령증을 받아 상점의 입구에서 포장된 상품을 받아가거나, 아니면 직접 집으로 배송 받을 수 있었다.

케냐에 사는 어떤 사람이 딸에게 줄 외투를 찾고 있었다. 그런데 딸의 키가 너무 커서 어떤 상점에서도 마땅한 제품을 찾을 수가 없었다. 그녀는 딸을 데리고 휠러 매장에 가서 13벌의 옷을 입혀보고 마침내 딸에게 어울리는 외투 세 벌을 주문했다. 3일 후 오전, 회사의 영업사원은 세 벌의 새 외투를 그녀의 주소로 보냈다.

한편 테네시 주에 사는 마리라는 고객은 얼마 전 아들을 출산한 며느리에게 건강 음료와 식품을 사주려고 했다. 그런데 며느리는 우유 맛이 나는 식품이나 음료를 좋아하지 않았다. 이 고객은 휠러 매장에서 반나절 동안 72종의 식품, 음료를 먹어보고 마침내 12종의 우유 맛이 나지 않는 식품과 음료를 선택했다. 그녀는 계산을 끝내고 수령증을 받은 후 입구에서 잘 포장된 식품을 들고 집으로 돌아갔다.

휠러는 독특한 경영 방식으로 유명세를 탔는데, 그것이 알게 모르게 광고 효과를 낸 셈이다. 이 회사의 사장은 이렇게 말한다.

"우리 회사는 초대형 광고를 하지 않습니다. 그 돈을 아껴서 고객에게 무료 시식이나 체험을 제공하죠. 그 효과는 대형 광고보다 훨씬 호소력이 있습니다."

무료 체험이나 증정품 등 호혜성 원리를 이용하는 방법은 도우미 역할을 톡톡히 한다. 고객들이 고마움과 그에 따른 부담감을 느껴 상품을 구입하게 되기 때문이다.

하버드인의 직장생활 비법

● 미끼 효과

상대방에게 가장 최악의 상황을 먼저 이야기하면 나중에 실망감을 줄일 수 있다. 상대방이 별로 달갑지 않게 생각할 화제에 대해 이야기해야 할 때에도 미리 언질을 준다면 어느 정도 반감을 피할 수 있다. 상대방은 오히려 당신이 고심하여 어렵게 꺼낸 이야기라고 느끼게 될 것이다. 이것이 심리학에서 말하는 '미끼 효과'다.

● 부화 효과

속수무책의 상황에 놓여 있을 때 그 일은 잠시 접어두고 일단 다른 일부터 하고 있다 보면 갑자기 영감이 떠오르기도 한다. 아무리 생각해도 갈피를 잡을 수 없었던 문제의 답이 문득 떠오르는 것이다. 이것이 심리학에서 말하는 '부화 효과'다.

● 말파리 효과

아무리 게으른 말이라도 말파리에게 물리면 정신을 차리고 전력을 다해 달린다. 갑자기 말파리가 날아와 물면 몸 전체가 아파지는데 이 고통에서 벗어나고자 말은 빨리 달리게 된다. 이것을 '말파리 효과'라고 한다. 말파리는 일을 더욱 열심히 하게 하는 자극제가 된다.

chapter
five

교육 심리학

진심에서 우러나오는
사랑이야말로
좋은 교육이다

인재를 만드는 핵심 동력은 교육에 있다.

하버드는 인재를 육성하는 기지이자 인재가 탄생하는 요람이다.

하버드의 교육을 이해하면 엘리트가 어떻게 탄생하는지 알 수 있다.

내가 하고 싶은 일을 해야 한다

● 하버드 대학교에서는 교수들이 학생들에게 늘 이렇게 말한다.

"자신의 흥미를 좇아 정말로 하고 싶은 일을 하는 것이 성공한 인생이다."

흥미는 어떤 것을 적극적으로 연구하고자 하는 심리인데, 어떤 것에 대해 강한 흥미를 느낄 때에는 온몸과 마음이 적극적이고 자발적인 상태로 변하게 된다. 그렇게 되면 끊임없이 파고들며 절대로 중도에 포기하지 않게 된다. 강한 흥미는 성공적인 교육의 기초이며, 인재의 성장 과정에서 반드시 필요한 심리적 조건 중 하나다. 흥미가 가장 좋은 선생님인 셈이다. 흥미는 학습에 내적 힘을 가동시켜 효과를 무에서 유로, 저효율에서 고효율로 바꿀 수 있다.

랄프 왈도 에머슨은 미국의 유명한 사상가이자 시인이다. 어린 시절 그의 부모님은 아이의 장래에 대해 아무런 계획도 세우지 않고 그저 에머슨이 좋아하는 일을 하도록 했다. 그들은 에머슨이 보통 아이들과 마찬가지로 학교에 가서 공부하고 자신이 좋아하는 일을 찾아 행복하게 살길 바랐다.

에머슨의 여덟 번째 생일 하루 전날 아버지가 돌아가시고, 그는 어머니와 고모의 보살핌을 받으며 자랐다. 일 년 후 그는 보스턴 라틴 학교로 가게 되었다. 이곳의 교육은 체험 위주로, 어떤 스트레스나 억압도 없었다. 덕분에 에머슨은 학습의 즐거움을 충분히 느낄 수 있었다. 그는 무엇보다 문학에 큰 흥미를 느꼈다. 그리고 정치에 대해서도 호기심이 생겼다. 에머슨이 열네 살 되었을 때 그는 하버드 대학교에 입학하여 신입생 대표를 맡게 되었다. 대학에 다니는 동안 그는 문학에 한층 더 집중하면서 많은 외국 낭만주의 작가의 작품을 읽었다. 이것이 그의 사상을 풍성하게 하였으며 시야를 넓혀주었다. 하버드는 특히 학생들의 흥미를 중시하는 학교였다. 이곳에서 에머슨은 문학의 꿈에 날개를 달았다.

어떤 것에 대한 흥미는 표면적으로만 관심을 갖는 데 그치는 것이 아니라 그 활동에 직접 참여해야 깊이를 더할 수 있다. 에머슨은 문학에 강렬한 흥미가 생긴 뒤 작문에 열정을 쏟으며 노력을 아끼지 않았다.

하버드 대학교는 누가 뭐래도 흥미 교육의 표본이라고 할 수 있다. 하버드의 교육 철학에서 흥미는 구체적으로 어떤 역할을 할까?

우선 흥미는 미래 활동을 위한 준비다. 예를 들어 한 학생이 천문학에 관심이 있다고 하자. 그러면 하버드 대학교는 그가 여러 천문학적 지식을 습득하고 각종 천문 현상을 관찰하며 최대한 많은 천문 관련 서적을 읽을 수 있도록 격려하면서 장차 천문 분야에서 일할 수 있도록 준비시킨다.

둘째, 흥미는 실제 활동의 가속 페달과 같은 역할을 한다. 흥미로 인해 온 정신을 집중하여 지식을 습득하고, 당면한 활동을 빠르고 우수하게 마칠 수가 있다. 하버드의 한 교수는 이렇게 말했다.

"모든 과학 연구에서 가장 중요한 것은, 연구자가 자신이 진행하는 작업에 대해 흥미를 느끼고 어떠한 강박도 없어야 한다."

우리가 화학 실험을 해야 한다고 할 때 흥미가 있다면 하루 종일 실험실에 앉아 실험 도구를 손에서 놓지 않고 탐색하며 애쓰는 것도 마다하지 않을 것이다.

마지막으로 흥미는 창의성을 촉진한다. 흥미가 있으면 연구에 더욱 매진하게 되고, 창의적으로 일하고 학습하게 된다. 한 학생이 어떤 과목에 관심이 있다면 그는 어떻게 해서든 그 과목을 공부하기 위해 노력하고 창의적으로 생각할 것이다. 이렇게 되면 성적도 올라가고, 학습 방법도 개선하여 학습 효율을 더욱 높일 수 있다.

한마디로 흥미는 지식과 어떤 활동에 참여하는 거대한 동력이 되며, 학습 중 가장 편하고 즐겁고 아름다운 성품을 갖추게 한다. 심리학 연구에 따르면 인류의 가장 큰 특징은 바로 어떤 사물에 대해 호기심을 갖는다는 것이다. 이러한 호기심은 변화무쌍한 사물에 대해 강렬한 흥미를 자극하고 학습 동기를 유발한다. 우리는 누구나 흥미가 이끄는 대로 자신의 가장 큰 잠재력을 발휘하고 심기일전하여 하나의 목표에 집중해 피곤한 줄도 모르고 끈질기게 연구를 이어갈 수 있다.

흥미는 성공적인 교육의 가장 기본적인 근원이다. 성공적인 교육은 더 많은 실천을 필요로 하며, 더 깊이 있는 연구를 필요로 한다. 교육에 대한 흥미를 이어가야만 대대손손 훌륭한 인재를 배출할 수 있으며, 시대와 역사가 부여하는 우리의 중대한 사명을 완수할 수 있다.

자신의 행동에
책임질 줄 알아야 한다

● 자녀를 교육할 때에는 반드시 좋은 습관을 들이는 데 힘써야 한다. 잘못을 했을 때에는 책임을 미루지 않고 스스로 결과에 책임지도록 하며, 남의 탓으로 돌리지 않도록 가르쳐야 한다. 이렇게 어렸을 때부터 반드시 자신의 행동에 책임을 져야 한다는 사실을 깨닫도록 해야 한다.

카밀이 다니는 학교에서는 가끔씩 학생들끼리 조를 짜서 산으로 캠핑을 떠난다. 캠핑을 떠나기 전 선생님은 학생들에게 캠핑에 필요한 물품을 알려줬다. 특히 자기가 쓸 물건은 자기가 가져와야 하며, 서로 빌려 쓸 수 없다고 강조했다. 산에서 하룻밤을 보내기 때문에 식량도 충분히 챙겨야 했다.

카밀이 집에 돌아온 후 어머니는 필요한 물품 목록을 스스로 짜보고, 목록에 따라 하나씩 준비하고서 자신에게 최종 검사를 받는 게 어떻겠냐고 권했다. 이렇게 하면 물품을 빠뜨릴 염려도 없고, 경험이 없는 카밀이 물품을 잘못 챙길 위험도 방지할 수 있었기 때문이다. 하지만 카밀은 엄마의 도움을 거절하고 우쭐거리며 말했다.

"엄마, 저도 이제 다 컸다고요. 제 일은 제가 알아서 할 수 있어요."

어머니는 더 이상 이야기할 수 없었다.

다음 날 어머니가 카밀이 싸놓은 가방을 몰래 살펴보니 밤에 덮을 얇은 이불이 없었다. 낮에는 더워도 밤에는 쌀쌀할 것이 분명했다. 그리고 라이터도 보이지 않았다. 라이터 역시 캠핑에 빠져서는 안 될 물품이었다. 하지만 어머니는 아무 말도 하지 않았다. 어머니는 카밀이 자신의 행동에 따른 결과를 직접 경험해야 한다고 생각했다. 그것이 아이의 삶에 영양분이 될 것이라고 믿었다.

캠핑을 가는 길에 아이들은 웃고 떠들며 대자연이 주는 기쁨을 만끽했다. 마침내 해가 저물 때쯤 정상에 도착했다. 지는 태양을 보며 아이들은 모두 성취감을 느꼈다. 하지만 곧 문제가 나타났다. 친구들은 저녁을 준비하기 위해 저마다 불을 피우기 시작했지만 카밀에게는 라이터가 없었다. 카밀은 다른 친구가 다 사용한 후에야 라이터를 빌려서 불을 피울 수 있었다. 비록 다른 친구들보다 30분이나 늦게 먹기는 했지만 굶지는 않았으니 문제는 해결된 셈이었다.

더 심각한 문제는 그 후에 일어났다. 날이 점점 어두워지자 기온이 떨어졌고 이불을 가져가지 않은 카밀은 몸을 덜덜 떨었다. 자신의 소홀함 때문에 동이 틀 때까지 이를 악물고 버텨야 했다.

카밀에게는 몹시 힘들었던 캠핑이었다. 그는 서둘러 집으로 돌아왔다. 어머니는 뻔히 알면서도 일부러 카밀에게 물었다.

"캠핑은 즐거웠니?"

"저는 그곳 날씨가 여기와 비슷할 줄 알고 밤에 덮을 이불을 가져가지 않았는데, 추워서 얼어 죽을 뻔했어요. 다음에는 어떻게 준비해야 할지 이제 알겠어요."

카밀은 이어서 말했다.

"엄마가 가르쳐주신 대로 먼저 목록을 만들어야겠어요. 그래야 빠트리지 않을 수 있을 것 같아요."

성장 과정에서 경험과 교훈은 매우 중요하다. 어릴 때부터 무언가 잘못을 했을 때 자신의 행동에 책임지는 것을 배운다면 아이는 더 빨리 성장할 것이다. 자녀가 어떤 실수를 했을 때 올바른 도리를 알려주는 것도 자신의 행동에 따른 책임을 다하도록 가르치는 중요한 방법 중 하나다.

아키는 올해 만 여섯 살이 되었다. 그런데 요즘 들어 엄마의 서재에 있는 청화자기에 관심을 보이며 자꾸 만져보려 했다. 엄마가 서재에서 노는 것을 허락해주면 그렇게 좋아하는 치킨버거를 먹을 때보다 더 신나했다.

어느 날 엄마의 친구가 집에 놀러오면서 예쁜 꽃문양 그릇을 가져왔다. 그릇은 쓰기 아까울 정도로 아름다웠다. 아키는 서재에서 그 아름다운 자기 그릇을 보게 해달라고 졸랐지만 엄마는 허락하지 않았다. 엄마가 친구와 이야기를 나누는 틈을 타 아키는 몰래 서재에 들어가 그릇을 손에 들고 가지고 놀았다. '쨍그랑', 아키가 그릇을 바닥에 떨어뜨리는 바람에 귀한 그릇이 깨지고 말았다. 자신이 잘못한 걸 깨달은 아키는 울기 시작했다. 그런데 엄마는 어쩐지 움직이지 않고 그대로 앉아서 엄하게 말했다.

"주방에 있는 쟁반을 가지고 와서 바닥에 떨어진 조각을 주워 담은 후에 엄마 허락 없이 그릇을 가지고 논 걸 사과하렴."

아키는 울면서 엄마가 시키는 대로 쟁반을 가져와 바닥에 흩어진 조각을 조심히 주워 담았다. 아키는 서툰 손으로 어여뻤던 자기 그릇의 조각을 담았고, 엄마는 옆에서 그런 아키를 지켜보았다. 하지만 도와주지도, 다른 사람이 돕도록 하지도 않았다. 정리를 마친 후 아키는 엄마에게 다가와 정중하게 사과했다.

"잘못했어요. 용서해주세요."

이 어머니는 아이가 실수를 했을 때 그 자리에서 '비록 나이는 어리지만 자신이 저지른 잘못에 대해 스스로 책임져야 한다'는 중요한 도리를 깨우쳐주었다. 하버드의 한 심리학자는 논문을 통해 이렇게 설명했다.

"아이의 잘못에 대해 아이가 직접 그 결과를 체험하게 하고, 함부로 평가하거나 질책하지 말아야 한다. 그러므로 교육자는 자신의 행동에 책임을 져야 할 뿐만 아니라 아이에게 자신의 언행에 대해 책임지도록 가르쳐 새 시대를 이끌어갈 책임감 있는 어른으로 자라도록 해야 할 책임이 있다."

좌절 경험이
강한 아이를 만든다

● 누구나 성장 과정에서 때로는 행복을 느끼고, 때로는 좌절을 겪기도 한다. 오랫동안 온실 속에서 박수만 받고 자란 아이는 자신을 높이 평가하는 경향이 있다. 그래서 한번 좌절을 겪으면 초조와 분노, 불만 등의 정서가 쉽게 나타나 자신을 높이 평가하는 상태에서 자아를 부정하는 상태로 급변하게 된다. 그러므로 적절한 좌절을 경험해보도록 하는 것도 아이의 인생에 도움이 된다.

건징거가 여덟 살 때였다. 하루는 열이 나며 배가 아프다고 해서 어머니가 급하게 병원에 데리고 갔다. 진찰을 한 의사는 건징거가 맹장염에 걸렸으며, 이미 곪기 시작해 빨리 수술을 하지 않으면 위험하다고 말했다.

의사의 말을 들은 건징거는 겁이 났다. 아이에게 얼마나 두려운 일이었겠는가? 그는 떨리는 목소리로 어머니에게 물었다.

"엄마, 저 죽는 거예요?"

어머니는 원래 "아주 간단한 수술이라 별로 아프지 않으니 걱정할 필요 없다"고 말하며 아들을 위로하려고 했다. 그런데 갑자기 생각을 바꿨다. 건징거도 이제 알 만큼 알 나이니 선의의 거짓말이 오히려 부작용을 낳을 것이라고 판단했다. 그래서 건징거의 어머니는 병상 옆으로 다가가 아들의 손을 끌어당기며 온화한 목소리로 말했다.

"세상에서 가장 사랑하는 아들아, 수술 중에는 마취제를 사용하기 때문에 아픈 걸 느끼지 못할 거야. 하지만 수술이 끝나고 며칠 동안은 아주 아플 거야. 그렇다고 누가 대신 아파줄 수도 없단다. 울고 소리를 지른다고 해서 덜 아프지도 않고, 오히려 장에 가스가 차서 더 아프게 될 거야. 그러니까 용감하게 이겨내야 해. 알겠지?"

수술은 순조롭게 끝났다. 수술 후 며칠 동안 건징거는 울지도, 소리를 지르지도 않았다. 아무리 아파도 이를 악물고 버텼다. 건징거는 굳건한 의지로 고통을 이겨냈다.

어른이 된 후 건징거는 그토록 원하던 하버드 대학교에 입학했다. 자신의 성장 과정을 돌아보며 그는 감격에 차 말했다.

"위대한 저의 어머니께 감사드려요. 어머니는 제가 좌절에 용감하게 맞서도록 가르쳐주셨죠. 좌절을 거부하는 것은 성공을 거부하는 것과 같다는 것을 깨닫게 해주셨어요. 덕분에 저는 더 안정적으로 성장할 수 있었고, 이것이 하버드에 입학하게 된 중요한 비결이죠."

좌절 교육이 지금의 건징거를 있게 했다. 그렇다면 좌절 교육이란 무엇일까? 어느 심리학자는 그 답을 이렇게 제시했다.

"소위 좌절 교육이란 올바른 교육 지도 아래에서 필요에 따라 어떤 상황을 만들거나 이용하여 문제를 제시하고, 아이가 독립적으로 문제를 해결하도록 격려하는 것이다. 즉, 아이가 자발적으로 시도하고 용감하게 어려움을 극복하는 습관을 들여 심리적 의존에서 차츰 벗어나 환경에 적응하며 좌절에 맞서도록 하는 것이다."

우리는 아이의 좌절을 정확하게 인식하고 이를 이용해 효과적으로 교육해야 한다.

아장아장 걸음마를 시작한 어린아이가 넘어지자 아이의 어머니는 황급히 아이를 일으켜 세우며 이렇게 말했다.

"길이 울퉁불퉁해서 우리 아가가 넘어졌네. 엄마가 때찌 해줄게."

그러고서 한 손으로 바닥을 치며 때리는 시늉을 했다.

한편 유치원에 다니는 아이가 집으로 돌아와 입을 삐쭉거리는 모습을 보고 어머니가 상냥하게 오늘 무슨 일이 있었는지 물었다. 그러자 아이는 참았던 울음을 터트리며 볼멘소리로 말했다.

"오늘 선생님이 해를 그리라고 했는데, 내가 그림을 잘 못 그려서 친구들이 웃었어요. 나 유치원 안 갈 거야."

어머니는 쪼그려 앉아 아이의 눈물을 닦아주며 말했다.

"울지 마. 해를 그렸구나. 그건 쉽지 않지. 하지만 오늘 연습하면 해를 정말 잘 그리게 될 거야."

그리고 어머니는 아이의 손을 잡고 해를 그리는 법을 가르쳐주었다. 그날 어머니와 아이는 수백 개의 해를 그렸다. 마침내 아이는 긴장을 풀고 웃으며 그림을 그릴 수 있었고 자신감도 되찾았다.

첫 번째 아이의 경우 커서 어려움에 부딪힐 때마다 올바로 대응하지 못하고 책임을 전가하기 쉽다. 좌절을 겪으면 이를 받아들이지 못하고, 심지어 한번 넘어지면 다시 일어나기도 힘들 것이다. 반면 두 번째 아이의 경우 긍정적으로 어려움을 이겨내고, 적극적으로 방법을 찾아 난관을 극복할 수 있게 된다. 부모가 이렇게 좌절을 기회 삼아 자녀를 교육한다면 뜻밖의 효과를 얻을 수 있다.

적절한 좌절 교육은 어렸을 때부터 시작해야 한다. 어렸을 때 받은 교육과 그 영향은 매우 깊은 인상을 남기며, 종종 평생 잊지 못하기도 한다. 어렸을 때부터 좌절에 대응하는 법과 싸워 이기는 법을 배운 아이는 알게 모르게 좌절을 감당하는 능력을 키우게 된다. 좌절이 가져오는 고통을 겪어본 사람만이 승리를 거둔 후의 달콤함을 귀하게 여길 수 있다.

작은 장점이라도
찾아내 칭찬하라

● 하버드 대학교의 저명한 심리학자 윌리엄 제임스는 "인류가 본질적으로 가장 간절히 원하는 것은 타인의 인정이다"라고 말했다. 세심히 관찰하면 누구에게서나 인정할 만한 부분을 찾을 수 있다. 아이의 장점을 발견하고, 아이의 발전에 대해 아낌없이 지지하고 칭찬해주는 것은 매우 중요하다.

찰리 제니는 미국의 한 제지공장의 공장장이다. 어느 날 오후 찰리 제니는 작업장 입구를 지나면서 직원 몇 명이 작업장 안, 그것도 '흡연 금지' 푯말 아래에서 담배를 피우는 모습을 보게 되었다. 일반적인 경우라면 즉시 달려가 푯말을 가리키며 "여기서 뭐 하는 거야? 푯말에 쓰여 있는 글씨 안 보여?"라고 험하게 말했을 것이다. 하지만 그는 그렇게 하지 않았다. 담배를 피우는 직원들에게 다가가 주머니에서 담배를 꺼내 한 개비씩 건네며 말했다.

"작업장 밖에서 피워준다면 무척 고맙겠네."

자신들이 규칙을 어겼다는 사실을 알고 있는 직원들은 고개를 숙인 채 혼쭐이 날 것을 염려했다. 하지만 공장장인 찰리 제니는 아무 말 없이 돌아섰다.

규율을 어긴 사람에게 굳은 표정으로 엄하게 말한들 아무 효과도 기대할 수 없다. 이것은 오히려 반감만 들게 할 뿐이다. 그렇다고 방임해서도 안 된다. 가장 좋은 방법은 자존심을 상하지 않게 하면서 잘못된 부분을 바로잡는 것이다. 그러기 위해서는 작은 장점이라도 찾아내 칭찬하고 인정하는 것이 좋다.

말썽꾸러기 캉비는 많은 선생님들의 눈에 '문제아'로 보였다. 그랬던 그가 앤소프 선생님의 칭찬과 인정 교육으로 성적뿐만 아니라 성품까지 훌륭한 학생으로 변하게 되었다.

앤소프 선생님은 늘 온갖 방법을 동원하여 학생들의 장점을 찾아냈다. 처음 캉비를 만났을 때 선생님은 캉비가 굉장히 열정적인 아이라는 것을 느꼈다. 그때 앤소프 선생님은 숙제를 한가득 안고 교무실로 향하고 있었는데 그만 숙제를 바닥에 떨어뜨리고 말았다. 마침 그 모습을 본 캉비가 달려와 바닥에 떨어진 숙제를 정리해 앤소프 선생님에게 건네주었다. 앤소프 선생님이 "고마워"라고 말했을 때 캉비는 이미 저만큼 달려가고 있었다.

2학기가 되어 앤소프 선생님은 캉비의 반을 맡게 되었다. 캉비는 선생님이든 친구들이든 누구에게나 어려움이 있을 때면 자신이 하던 일을 멈추고 달려가 도와주었다. 아무리 바빠도 캉비는 이를 꺼려하지 않았다. 이것은 캉비가 매우 열정적이고, 다른 사람에게 관심을 가질 줄 아는 아이라는 사실을 말해주었다. 단지 수업 시간에 잘 듣지 않고, 숙제를 안 하다 보니 점차 자신감을 잃어갔을 뿐이었다.

앤소프 선생님은 캉비를 선도할 방법을 생각해냈다. 캉비가 어떤 일을 잘할 때마다 앤소프 선생님은 반 친구들이 모두 있는 자리에서 캉비를 칭찬하고 그런 후에는 "좋은 일을 했으니까 숙제도 반드시 마쳐야겠지?"라고 말했다. 또 친구들이 없는 자리에서는 열심히 노력해서 반장이 되어보라고 격려하기도 했다.

선생님의 격려는 효과가 매우 좋았다. 캉비의 수학 성적은 C에서 B로 올랐고, 심지어 다음 시험에서는 꼭 A를 받겠다고 말하기까지 했다. 앤소프 선생님은 기뻐하며 "네가 열심히 노력할 것이라고 믿어. 너는 똑똑한 아이니까 나중에 커서 분명 훌륭한 사람이 될 거야. 우리 같이 힘내자!"라고 말했다.

말썽꾸러기 캉비는 어느새 지덕체는 물론, 근면함까지 모두 갖춘 학생으로 발전하게 되었다. 기말시험에서는 세 과목이나 A를 받았고, 친구들은 그를 반장으로 뽑아주었다. 앤소프 선생님이 캉비가 반을 위해 책임감 있게 봉사하고 열심히 공부한다고 칭찬할 때마다 캉비는 일어서서 매우 정중하게 고개를 숙이며 "선생님, 감사합니다"라고 말했다.

크리스마스 전 앤소프 선생님은 하버드 대학교에 관해 이야기해주었다.

"하버드 대학은 수백 년간 진리를 추구하고, 용감하게 개척하려는 신념을 가진 교육의 전당으로 학생들로 하여금 이상과 인생의 가치를 실현하기 위해 끊임없이 노력하도록 인도해왔습니다. 이러한 정신 때문에 하버드는 세계 명문 대학 중에서도 으뜸이 되었고, 여덟 명이나 되는 미국의 대통령과 무수히 많은 사상가, 과학자, 기업가를 배출했습니다."

앤소프 선생님은 이야기를 마친 후 학생들에게 느낀 점을 이야기해보라고 했다. 캉비가 맨 처음 일어서서 울먹이며 말했다.

"선생님, 온 마음을 다해 지도해주셔서 감사합니다. 열심히 노력해서 꼭 하버드에 가겠습니다."

소감은 짧았지만 그의 목표와 의지, 미래에 대한 큰 희망을 엿볼 수 있었다. 그 순간 앤소프 선생님도 캉비에게 감동을 받았다. 비로소 일 년 동안 캉비에게 쏟은 정성이 헛되지 않았음을 느낄 수 있었다.

다른 선생님들이 도대체 캉비가 어떻게 변하게 되었는지 물었을 때 앤소프 선생님은 이렇게 말했다.

"아이의 장점을 찾아 인정해주고 칭찬해주었을 뿐이에요. 기회를 찾아 칭찬해주고 진심 어린 눈빛과 마음으로 아이의 닫힌 세계를 열어준 거죠. 이렇게 하면 학생과의 사이도 가까워지고, 아이에게 자제력도 생기게 돼요. 그러면 아이들은 단점을 고치고 장점을 더욱 드러내게 되죠. 캉비가 바로 이러한 교육의 수혜자랍니다."

사람은 누구나 내면 깊은 곳에서부터 타인의 칭찬과 인정을 갈망한다. 심리학자들은 "사람이 가장 신경 쓰는 것이 바로 타인의 마음속에 비친 자신의 위치다"라고 말한다. 아이들도 마찬가지다. 나이가 어려도 풍부한 내면의 세계가 있고, 강한 자존심이 있다. 아이들은 선생님이나 부모가 생각하는 자신의 위치를 매우 중요하게 여긴다. 그러므로 아이들은 칭찬받아야 하고, 감동받아야 한다. 그래야 교육의 최대 목표를 달성할 수 있다. 심리학 연구에서도 칭찬과 인정을 받았을 때 일이나 학습 효율이 현저히 향상된다는 사실이 밝혀졌다. 칭찬과 인정을 받는 교육은 당장의 학습이나 미래의 장기적인 발전에 모두 큰 효과를 가져다준다.

진심으로 칭찬하고 인정해주면 적극적으로 활동하는 동력과 열정을 자극해 아이의 잠재력을 키워줄 수 있다. 그러므로 칭찬에 인색하게 굴지 말고, 격려로 아이의 성장 과정에서 결코 약해지지 않을 동력을 자극해야 한다.

선입견을 가지고
바라보지 마라

● 흔히 학교 성적이 좋으면 평상시에 별다른 학급 활동도 하지 않고, 누군가에게 어려움이 생겼을 때 도와주지 않더라도 선생님들 눈에는 그저 착한 학생으로 보인다. 또 인정이 많고 정의로우며 다른 사람을 잘 돕고 학급 활동에도 적극적으로 참여하지만 성적이 좋지 않으면 다른 면에서 아무리 우수해도 선생님들 눈에는 부족한 학생으로 보인다. 이러한 현상을 '후광 효과(halo effect)'라고 한다. 어떤 두드러진 특징이 깊은 인상을 남겨 다른 특징에 대한 인상을 가리는 현상으로, 일부로 전체를 평가한다는 말과 일맥상통한다.

하버드 대학교의 심리학 교수가 한 가지 실험을 했다.

먼저 한 학년에서 임의로 두 개의 반을 실험 대상으로 정했다. 그리고 이들 반을 A반과 B반으로 부르기로 했다. 수업 전 교수는 학생들에게 새로 오신 선생님이 대신 반을 맡게 되었다고 말하고 그 선생님에 대해 소개를 했다. 그런데 A반의 학생들에게는 이 선생님이 '학생들을 가르친 경험이 풍부하고' 근면하며 성실하다고 말하고, B반의 학생들에게는 '학생들을 가르친 경험이 전혀 없지만' 근면하고 성실하다고 말했다.

서로 다른 소개는 과연 어떤 결과의 차이를 낳았을까? 수업이 끝난 후 A반의 학생들은 선생님을 둘러싸고 질문을 하거나 친근하게 이야기를 나누었다. 하지만 B반의 학생들은 본체만체하며 가까이하려 하지 않았다. 약간의 설명 차이가 그 선생님에 대한 전체 인상에 영향을 준 것이다.

실험에서 학생들은 색안경을 끼고 새로 온 선생님을 관찰하고 인식했다. 이 선생님은 각각 다른 후광 효과를 받았다. 실험을 실시한 심리학 교수는 이렇게 말했다.

"사람들이 아는 것은 바로 그들이 본 것입니다. 그들은 때때로 일부 정보로 전체에 대한 인상을 상상하죠."

우리는 후광 효과를 피하고, 모든 현상을 객관적으로 분석하려고 노력해야 한다.

학교 다닐 때 한 선생님이 이런 이야기를 해주신 적이 있다.

한 화교 학생이 미국 대입 시험에서 만점을 받았다. 그는 하버드, 매사추세츠 공과 대학 등 미국 최고의 일류 대학 다섯 곳에 응시했다. 주위 사람들은 그가 분명 명문대에 합격할 것이라고 확신했다. 하지만 다섯 곳의 학교에서 모두 낙방하고 말았다.

하버드 대학교에서는 학생을 선발할 때 첫째, 장기적인 학습 능력(고교 4년 동안의 평균 성적)을 평가한다. 둘째, SAT, 즉 우리나라로 치면 수능시험과 같은 시험 성적이 필요하다. 그리고 셋째, 사회 활동 능력을 본다. 이렇게 세 방면으로 학생을 평가하는 이유는 후광 효과가 가져오는 편견을 피하기 위함이다. 그중에서 사회 활동 능력은 특히 중요하다.

그 화교 학생은 사회 활동 경험이 없었으므로 사회 활동 능력 부분의 점수가 0점이었다. 그는 힘들게 수학, 물리, 화학을 공부했지만 우수한 시험 성적만으로는 하버드에 입학할 수 없었다. 하버드에서는 책임감과 동정심을 가지고 사회에 공헌할 줄 알고, 사회의 건전한 발전을 이끌 수 있는 인재를 키우고자 하기 때문이다.

후광 효과가 교육에 미치는 영향을 피하기 위해 다음의 몇 가지에 주의해야 한다.

첫째, 너무 빨리 선생님이나 친구를 평가하지 말고, 그들과 최대한 많이 교류하며 서로를 깊이 이해하도록 노력해야 한다.

둘째, 두드러진 장점이나 단점이 있는 사람도 이성적으로 바라보아야 한다.

셋째, 자신감을 가지고 자신에 대한 타인의 평가를 지나치게 신경 쓰지 않아야 한다.

넷째, 자신의 장점을 드러내도록 노력해야 한다.

다섯째, 직업에는 귀천이 없다. 그저 자신의 일에 최선을 다하면 된다. 하지만 일상의 사소한 일에는 주의해야 한다. 왜냐하면 작은 일이 자신의 이미지에 영향을 미치기 때문이다.

심리학자들은 "주변 사람의 행동과 인식은 한 개인에 대해 결코 무시할 수 없는 영향력을 갖는다"고 말한다. 교육은 백년지대계(百年之大計)라고 했다. 아이들은 나라의 미래다. 후광 효과를 차단하면 아이의 어떤 특징이 그들에게 가져오는 부정적인 영향을 피할 수 있다. 이렇게 되면 아이들은 건강한 환경에서 무럭무럭 자랄 수 있을 것이다.

좋은 습관을 길러줘라

● 습관의 지배하에서 관성의 힘은 우리의 미래에 영향을 미칠 뿐만 아니라 본능을 바꾸어놓기도 한다.

한 학자가 다음과 같은 실험을 했다.

우리 안에 다섯 마리의 원숭이가 있고, 우리 가운데에는 바나나 한 송이가 걸려 있었다. 그런데 원숭이가 손을 뻗어 바나나를 잡으려고 할 때마다 고압의 물총이 발사되었다. 이것은 어느 원숭이도 감히 바나나에 손을 데지 못할 때까지 계속되었다. 모든 원숭이는 계속되는 벌칙 때문에 이 바나나는 가질 수 없고, 가지려 하면 벌을 받는다는 것을 알게 되었다. 나중에 고압 물총이 더 이상 발사되지 않게 되었을 때에도 우리 안의 원숭이들은 감히 바나나에 손을 데지 않았다. 그 결과 원숭이의 먹이를 찾는 본능은 강화되지 못하고 오히려 사라졌다.

이 실험은 심리학에서 유명한 '강화의 법칙'을 보여준다. 이 실험을 통해 사람이나 동물의 본능이 강화되지 않으면 결국 소멸된다는 것이 입증되었다. 강화의 법칙은 아이가 새로운 행동을 학습할 때의 심리 메커니즘을 보여준다. 그뿐 아니라 성인에게는 긍정이나 부정의 피드백으로 행동을 개선하는 수단이 된다.

예를 들어 밥을 먹기 전이나 화장실에 다녀온 후 손을 씻는 습관은 태어나면서부터 저절로 생기는 것이 아니다. 이러한 습관은 부모나 타인에게 무수히 많이 강요받거나 교정을 반복하면서 형성된 것이다. 싱가포르가 '정원도시'라고 불리게 된 데에는 시민들의 자율 의식이 한몫했다. 하지만 이러한 습관을 기르기까지 경찰에, 감옥까지 동원되었다는 사실을 알고 있는가?

좋은 습관은 끊임없이 강화하면서 생긴다. 성장기 아이들에게는 좋은 습관과 나쁜 습관이 모두 동시에 존재한다. 아이들이 좋은 습관을 기르도록 격려하고, 나쁜 습관을 고치게 하는 것은 부모에게 늘 그림자처럼 쫓아다니는 어려운 숙제다. 하지만 강화의 법칙과 소멸의 법칙을 적절히 활용하면 좀 더 수월해진다. 만약 부모가 상벌을 분명히 하고, 아이의 올바른 행동에 주목하여 그것을 강화하고 아이의 나쁜 습관을 나무라면서 그것이 소멸되게 하면 좀 더 쉽게 좋은 습관을 길러줄 수 있다. 사람이나 동물이나 본능이 강화되지 못하면 결국 소멸된다.

한편 아이 역시 본능적으로 강화의 법칙과 소멸의 법칙을 활용한다. 때때로 부모가 아이들을 가르치는 것이 아니라 아이들이 본능적으로 어떤 행동을 강화하거나 어떤 행동을 없애며 그들의 부모를 훈련하기도 한다. 가장 쉽게 볼 수 있는 예가 어머니가 딸을 나무랄 때 겨우 다섯 살밖에 안 된 아이가 "엄마는 이제 나 사랑 안 해!"라고 말하는 것이다. 대부분의 아이들은 부모가 애정을 표현해주기를 바란다는 것을 알고 있다. 아이들은 이 미묘한 심리를 이용해 부모가 벌을 내리지 못하게 한다. 이럴 경우 대부분 아이들의 승리로 끝난다.

아빠, 엄마가 아이를 데리고 놀이공원 같은 장소에 가면 아이는 부모가 좋아할 만한 행동을 한다. 말을 잘 듣고, 잘 협조해주며, 떼쓰지 않고 대화하기도 한다. 이것은 일종의 무의식적인 행동이지만, 그 목적이 바로 부모의 행동을 강화 또는 장려하는 데 있다.

극단적인 예로 우리는 아이들이 매우 능숙하게 그들의 부모를 조종하여 자신이 원하는 물건을 얻어내거나, 부모가 자신이 원하는 행동을 하도록 하는 것을 볼 수 있다. 부모는 자신의 통제 지위를 확고히 하여 아이가 오히려 자신을 조종하도록 내버려둬서는 안 된다.

아이가 "엄마는 이제 나 사랑 안 해!"라고 말하며 벌을 피하려 할 때 반드시 아이보다 더 분명하게 자신은 아이를 사랑하며 아이를 벌하는 것이 사랑하지 않는 것이 아니라는 사실을 인식해야 한다. 그리고 아이에게 이렇게 말해야 한다.

"엄마는 언제나 너를 사랑해. 하지만 네가 반드시 알아야 할 것이 있어. 지금 너의 행동은 아주 실망스러워. 실수해도 괜찮아. 고치면 되니까. 네가 아무리 많은 잘못을 저질러도 너는 엄마, 아빠의 예쁜 아가야. 엄마, 아빠는 영원히 너를 사랑해."

인내심 없이는
성공도 없다

● 많은 학부모나 선생님들이 아이의 인내심에 따라 성공할 확률이 달라진다고 말한다. 그렇다. 성공을 이룬 사업들도 하루아침에 이루어지지 않았다. 그러한 결과에는 긴 과정이 필요했다. 수많은 사람들의 수많은 노력이 마치 작은 물줄기가 모여 마침내 거스를 수 없는 큰 파도를 이루듯이 쌓인 것이다.

많은 사람들이 성공을 이루기까지 수십 년간 노력해왔다는 사실을 기억해야 한다. 지금의 많은 부자들이 빈털터리로 시작해 한 발, 한 발 내딛어 마침내 부를 쌓았다는 것을 명심해야 한다. 심리학자들은 "소위 인내심과 끈기란 긴 시간 동안 단순하고도 따분하지만 의미 있는 고된 일상의 축적에 기꺼이 몰입하는 것"이라고 말한다. 이러한 끈기와 인내가 시대의 영웅을 배출할 수 있다.

하버드 대학교 심리학과에는 이런 이야기가 전해 내려온다.

'밥'이라는 남자아이가 있었다. 밥은 어느 날 아버지가 정원에서 잡초를 베는 것을 보고 아버지에게 다가가 말했다.

"아버지, 제가 도와드려도 돼요?"

아버지는 대답했다.

"물론이지. 밥, 가서 낫을 가져오너라."

밥은 달려가 낫을 가지고 왔다. 하지만 두세 번 낫질을 하더니 낫이 무뎌서 잘 들지 않으니 숫돌에 갈아야겠다고 말했다. 밥은 숫돌을 가져왔다. 하지만 곧 낫을 갈다 손을 다치지 않으려면 숫돌 양 옆에 낫을 고정할 수 있는 나무지지대가 필요하다는 것을 알아챘다. 밥은 다시 숲으로 가서 나무지지대로 쓸 만한 나뭇가지를 찾았다. 하지만 나뭇가지를 베려면 나무에 오를 때 사용할 도구가 필요했다. 도구가 갖추어져 있지 않으면 나무에 오를 수 없었다. 밥은 필요한 도구를 찾으러 마을로 내려갔고, 그 후 다시는 숲으로 돌아가지 않았다.

밥은 어른이 된 후에도 무엇을 배우든지 중도에 쉽게 포기했다. 그는 한때 역사에 관심이 생겨 몇날 며칠 잠도 안 자고 밥도 안 먹으며 여러 자료를 찾아보았다. 하지만 진정 역사를 이해하려면 역사 사건이 발생한 원인, 당시의 시대적 배경 등을 반드시 이해해야 했다. 밥은 역사학이 국내 역사와 세계 역사로 구분되며, 그 안에서도 여러 갈래로 나뉘는 것을 알게 되었다. 밥은 머리가 터질 것 같았다. 그래서 역사 공부도 포기하고 말았다. 밥은 어떠한 학위도 받은 적이 없었다. 그가 받은 교육은 항상 그 쓸모를 찾지 못했다.

밥의 아버지는 돌아가시면서 그에게 돈을 물려주었다. 그는 8만 달러를 투자해 주유소를 차렸지만 경영이 미숙한 데다 기름 값마저 불안정해 기회를 잡지 못하고 크게 손해를 보았다. 그는 다시 6만 달러에 주유소를 팔고 친구와 함께 정유공장을 차렸다. 하지만 이번에도 행운은 따르지 않았다. 정유를 하는 데에는 아주 많은 돈이 필요했다. 하지만 이미 돈이 남아 있지 않은 까닭에 어쩔 수 없이 7만 달러의 싼 가격에 정유공장의 주식을 양도했다. 그때부터 밥은 마치 스케이트를 탄 사람처럼 순식간에 여러 사업에 들어갔다 나오기를 반복했다.

밥은 연애도 몇 번 했지만 모두 결실을 이루지 못했다. 언젠가 한 여인을 보고 첫눈에 사랑에 빠져 그녀에게 어울리는 사람이 되기 위해 야간학교를 다니며 문학을 공부하기도 했다. 정신적인 면을 가꿔볼 요량이었다. 하지만 시작한 지 겨우 한 달 만에 포기했고, 2년 후 그녀에게 청혼하려고 했지만 결국 그녀는 다른 사람의 아내가 되고 말았다.

얼마 지나지 않아 그는 다시 어여쁘고 키가 아담한 여인을 사랑하게 되었다. 하지만 이 여인이 밥을 자신의 친구에게 소개하려고 했을 때 밥은 또 다른 여인을 좋아하게 되었고, 결국 어떤 사랑도 이루어지지 않았다.

밥은 자신이 왜 이토록 아무 성과도 이루지 못하는지 답답하기만 했다. 그는 실패의 원인이 인내심과 끈기 부족에 있다는 사실을 아직도 모르고 있다.

우리 주변에도 이런 사람들이 있다. 그들은 자신의 인생과 주변 사람들에 대해 항상 불만을 갖는다. 그리고 자신이 추구하는 방향을 찾지 못한다. 그들이 하루 종일 불만만 늘어놓는 이유는 아무런 목적 없이 생활하며, 자신이 어디로 가야 할지도 모르고, 자신에게 가장 적합한 일이 무엇인지는 더더욱 모르기 때문이다.

하버드 심리학과 교수는 "성공하고 싶다면 조삼모사와 같은 나쁜 습관을 반드시 극복하여 한 우물만 파야 한다"고 조언한다. 자, 이제 가슴에 손을 얹고 스스로 반성해보자. 나는 정말로 밥과 같은 사람이 아닌가?

재능도 물론 중요하다. 하지만 끈기가 있어야 한다. 꾸준히 지속하는 과정은 양적인 변화에서 질적인 변화로 부화하는 과정과 같다. 이 과정은 매우 길 수 있다. 생명을 탄생시키는 시간이 얼마나 길지는 아무도 알 수 없다. 하루가 걸릴 수도, 일 년이 걸릴 수도 있다. 심지어 몇 년이 걸리더라도 일관되게 지속해야 한다. 하지만 일단 질적인 변화가 나타나면 마치 산사태가 일어나듯 그 기세를 거스를 수 없게 된다. 여명 전 가장 짙은 어둠을 이겨내기만 하면 분명 새벽의 찬란한 아침노을을 볼 수 있을 것이다.

사람들은 대단한 결과만을 기대하며 그 과정에서 땀을 흘리기는 싫어한다. 하지만 인내심이 있어야만 성공한 음악가, 의사, 엔지니어, 여러 업종의 전문가가 될 수 있다. 이렇게 위대한 내가 탄생하기까지 얼마나 오래 걸릴지 아무도 모르기 때문에 우리는 끊임없이 노력해야 한다.

기대하는 만큼
성장한다

● 미국의 심리학자 로젠탈이 한 가지 실험을 했다. 로젠탈 박사는 캘리포니아 주의 어느 학교에서 가장 잠재력 있는 학생을 찾겠다고 발표하고, 한 선생님에게 자신이 가르치는 학생들에게 설문조사를 진행해달라고 부탁했다. 그는 형식적으로 설문조사를 다 본 후에 명단을 선생님에게 보면서 그것이 '가장 잠재력 있는' 학생들의 명단이라고 말하며, 이 학생들은 나중에 꼭 훌륭한 사람이 될 것이라고 칭찬했다. 그리고 만약 실험 결과가 알려지면 정확성이 떨어지므로 비밀을 지켜줄 것을 당부했다. 하지만 사실 이 명단은 설문과 전혀 상관없이 임의로 뽑은 것이었다.

시간이 한참 흐른 후에 로젠탈 박사는 다시 이 학교를 찾았다. 그때 또 한 번 실험을 한 결과 명단에 있는 학생들의 성적이 첫 번째 실험의 결과보다 더 우수하게 나타났다. 그리고 이 학생들의 성격이 훨씬 밝아졌으며, 말하기 좋아하고 잘 웃고 얼굴에는 자신감이 넘쳤다. 분명 로젠탈 박사의 실험이 효과를 발휘한 것이었다. 이 유명한 심리학자는 이렇게 말했다.

"선생님들은 실험 결과를 굳게 믿었기 때문에 이 명단의 학생들에게 기대가 생겼다. 긍정적인 기대로 인해 똑똑한 학생을 대하듯이 그들을 대했고 그들에게 특별한 관심을 보였다."

이 명단에 있는 학생들은 원래 선생님에게는 '평범한', 심지어 '썩은 나무'와 같은 학생들이었다. 그런데 잠재력이 뛰어나다는 심리학자의 말을 듣자 선생님은 그들을 다르게 보기 시작했다. 그 후 인내심을 가지고 세심하게 가르친 결과 그들의 성적은 계속 향상되었다. 명단에 있던 학생들은 선생님의 기대에 자신감이 생겼고, 여러 방면에서 스스로에게 엄격히 대해 우수한 학생이 된 것이었다.

간절한 소망이 현실이 되기를 기대하는 심리를 심리학에서는 '피그말리온 효과(pygmalion effect)'라고 한다. 누구나 성공의 가능성이 있다. 그런데 그 성공 여부는 주변 사람들의 기대와 커다란 관계가 있다. 아이는 나이가 어리고 아직 미성숙하기 때문에 마음속으로 타인의 칭찬을 간절히 원한다. 특히 선생님과 부모의 칭찬을 갈망한다. 그리고 이것은 일생의 발전에 직접적인 영향을 미친다.

질은 시애틀의 작은 마을에서 태어났다. 그는 부모님이 어렸을 때 세상을 떠나서 할머니와 함께 살아야 했다. 비록 부유하지는 않았지만 먹고사는 데에는 지장이 없었다. 초등학교 때 질은 불량한 친구들과 함께 다니며 수업에 빠지고 싸움을 일삼았다. 또 수업 시간에는 책상에 엎드려 자는 골칫덩어리였다. 그때 새로 부임해온 선생님을 만난 것은 행운이었다. 이 선생님은 질의 운명을 바꾸어놓았다.

따사로운 햇살이 내리쬐던 어느 날이었다. 대부분의 학생들은 수업에 집중하고 있었다. 하지만 질의 자리는 비어 있었다. 질은 또 수업을 빼먹고 놀러 가고 없었다. 말썽꾸러기 질이 후문으로 몰래 들어오려고 할 때 하필 새로 부임해온 선생님과 부딪쳤다. 질은 고개를 숙인 채 꾸중 들을 걱정을 했다. 그런데 그 선생님은 "딱 보니까 알겠네. 똑똑한 걸 보니 너는 나중에 꼭 하버드에 가게 될 거야"라고 말하는 것이 아닌가! 선생님의 이 말이 질의 마음을 흔들었다.

그때부터 질은 선생님의 말씀을 마음에 새겼다. '하버드에 가게 될 것이다' 라는 말이 깃발처럼 그에게 신념을 심어주었고, 성장하는 그를 더욱 채찍질했다. 그 후 다시는 수업에 빠지지 않았다. 옷에는 더 이상 지저분한 흙을 묻히지 않았고, 말도 예의 바르게 했으며, 언제나 가슴을 쭉 펴고 고개를 빳빳이 들고 걸었다.

6개월 후 질은 반장이 되었다. 할머니에게는 이러한 사실이 놀라움을 넘어 큰 위안이 되었다. 질은 항상 스스로를 하버드인이라고 생각했다. 그리고 10년 후 그는 마침내 하버드 대학에 합격해 진짜 하버드인이 되었다.

어린 시절 큰 잘못을 저지르면 많은 사람들에게 '불량소년'으로 낙인찍힌다. 이러한 부정적인 이미지는 아이의 심리에 영향을 미쳐 스스로 착한 아이가 아니라고 느끼게 하거나, 심지어 범죄의 구렁텅이로 유인하기도 한다. 심리학의 한 연구 결과 소년범이 되는 이유 중 하나가 어떠한 기대도 받지 못했기 때문이라는 것이 밝혀졌다.

교육을 하는 과정에서 우리는 모든 아이들이 천재가 될 것이라고 적극적으로 기대해야 한다. 언제나 진짜 천재를 대하듯이 관심을 갖고 보호해야 한다. 그리고 아이들이 결국에는 진짜 기적을 만들어낼 것이라고 굳게 믿어야 한다.

스스로 생각하는
힘을 길러줘라

● 아이와 함께 어떤 문제에 대해 토론할 때에는 성급히 "잘했어" 또는 "맞았어"라고 말하지 않아야 한다. 칭찬은 분명 아이를 격려하는 작용을 한다. 하지만 지식을 탐색하는 과정에서 너무 빨리 칭찬을 하면 아이는 이미 문제가 해결되었다고 느껴 더 이상 생각하려 하지 않는다. 만약 "정말 흥미진진한데?", "나는 왜 그런 생각을 못했을까!"라고 말한다면 아이는 문제에 대해 더 깊이 생각할 것이다. 너무 빨리 결과를 말하지 말고, 문제에서 무엇이 맞고 무엇이 틀린지 아이가 스스로 생각하고 해결할 수 있도록 해야 한다.

유치원 지능 개발 시간이었다. 선생님이 삼각형의 두꺼운 종이를 보여주며 "여러분, 이것은 삼각형이에요. 가위로 한 꼭짓점을 잘라내면 꼭짓점은 몇 개가 남을까요?"라고 물었다. 그러자 어떤 아이들은 두 개의 꼭짓점이 남는다고 말했고, 어떤 아이들은 네 개의 꼭짓점이 남는다고 말했다. 하지만 사라만 세 개의 꼭짓점이 남는다고 말했다.

마침내 선생님이 정답은 네 개라고 말하자 사라는 크게 낙담하며 좀처럼 인정하려 하지 않고, 심지어 좀 억울해하기까지 했다. 집에 돌아온 사라는 곧장 어머니에게 달려가 그림까지 그려가며 설명해주었다. 사라는 한 꼭짓점에서 마주 보는 변으로 반듯하게 잘라 작은 두 개의 삼각형을 만들었다. 사라의 방법대로라면 분명 세 개의 꼭짓점이 남았다. 아이는 어머니에게 보채며 물었다.

"엄마, 이렇게 하면 틀린 거예요?"

사라는 어머니가 긍정적인 대답을 해주기를 기대했다. 하지만 사라의 어머니는 섣불리 결론을 내리지 않고 아이가 다시 생각해보도록 유도했다. 그녀는 이것이 독립적으로 문제를 생각하고 해결할 능력을 키울 수 있는 좋은 기회라고 생각했다. 사라는 종이에 그림을 그리며 쉬지 않고 설명했다. 어머니는 인내심을 가지고 사라의 설명을 끝까지 듣고 끊임없이 칭찬했다.

"사라야, 스스로 생각하고 이렇게 멋진 그림을 그렸네. 정말 쉽지 않은 일인데. 엄마는 네가 결국 꼭짓점이 몇 개 남는지 확실하게 이해할 수 있을 거라고 믿어."

사라는 입술을 꾹 다문 채 골똘히 생각했다. 잠시 후 사라는 삼각형을 오리고, 가위로 그중 한 꼭짓점을 잘랐다. 그리고 다시 삼각형을 오리고 원래의 이론대로 이 큰 삼각형을 두 개의 작은 삼각형으로 잘랐다. 순간 사라는 원리를 깨달으며 기쁘게 소리쳤다.

"엄마, 정말 네 개의 꼭짓점이 남아요. 제가 틀렸어요. 꼭짓점을 한 개만 잘라내라고 했는데, 저는 다른 꼭짓점의 절반까지 잘랐던 거예요."

그러자 어머니는 아이를 안아 올리며 이마에 입을 맞추고 말했다.

"그래, 이것은 사라가 스스로 생각해낸 거야."

어머니는 아이의 성장을 뿌듯하게 바라보았고, 진리를 추구하는 아이의 집념을 기특하게 생각했다.

아이가 독립적으로 생각하도록 하는 것은 매우 중요하다. 아이가 스스로 생각하는 과정에서 자아를 발견하고, 자아를 더욱 성숙하게 하여 자신의 성격과 특징을 형성한다는 점에서 더욱 그렇다. 사라의 어머니가 그 자리에서 사라가 낸 문제에 대해 바로 대답했다면 사라는 스스로 생각할 수 없었을 것이며, 문제를 해결한 후의 기쁨 역시 반감되었을 것이다. 그런 의미에서 사라의 어머니는 대단한 심리학자이자 위대한 교육자이기도 하다.

부모는 항상 아이에게 질문을 하고, 아이와 함께 토론하며, 인내심을 가지고 설명해주어 아이가 스스로 생각하도록 해야 한다. 그러면 아이의 대뇌는 활성화 상태에 놓여 사고력을 단련할 수 있다. 전제 조건은, 부모가 내는 문제는 반드시 아이가 관심을 가질 만한 것이어야 한다는 것이다. 그래야만 문제의 답을 찾기 위해 부단히 생각하는 열정을 자극할 수 있다.

미국의 미네소타 주에서 태어난 페르미는 초등학교 때부터 고등학교 때까지 모든 과목의 성적이 반에서 월등히 우수했을 만큼 아주 영특했다. 고등학교 졸업 후 페르미는 무난히 하버드 대학교에 입학했다. 그녀가 그렇게 우수한 성적을 거두기까지는 할아버지의 교육이 큰 몫을 했다.

초등학교 교사 생활을 하다 은퇴를 한 할아버지는 페르미가 스스로 생각하도록 유도하기 위해 '스파이더맨'으로 분장하기도 했다. 스파이더맨은 페르미를 만나면 많은 문제를 냈다. "왜 하늘에선 비나 눈이 내리죠?", "호수의 물은 왜 시간이 흐르면 점점 줄어들죠?"와 같은 질문을 통해 페르미는 많은 지식을 습득하게 되었고, 스스로 생각하는 습관을 기르게 되었다.

언젠가 페르미가 할아버지를 따라 박물관에 간 적이 있는데, 할아버지는 여전히 질문하는 방식으로 박물관에 흥미를 갖도록 유도했다. 페르미가 이해하지 못하는 문제에 대해 할아버지는 페르미가 먼저 관련 자료를 읽어보도록 한 후에 이해하기 쉬운 말로 페르미와 함께 토론을 했다. 할아버지의 질문과 토론은 학습에 대한 페르미의 열정을 자극해 백과사전 속의 자연과학과 지리 상식에 큰 흥미를 느끼도록 했다. 페르미는 훗날 할아버지의 교육 방식 덕분에 문제에 대해 스스로 생각하는 법을 배웠다며 할아버지에게 감사를 전했다.

문제의 결과도 물론 중요하지만 더욱 중요한 것은 생각하는 과정이다. 스스로 생각하는 능력을 키우려면 부모는 '우리의 손은 어떤 용도가 있을까?'처럼 개방적인 질문을 잘해야 한다. 아니면 "방에 불이 나면 어떻게 대피해야 하지?"처럼 돌발 상황에 대처하는 방법을 물을 수도 있다. 이러한 질문은 아이가 스스로 생각하도록 유도할 수 있다.

하버드의 한 심리학자는 "적극적인 생각으로 얻은 지식이야말로 진정한 지식이며, 사회의 변화가 빠를수록 스스로 생각하는 능력이 더욱 필요하다"고 말했다. 아이가 종합적이면서도 참신한 각도에서 문제를 생각하도록 유도하면 아이는 틀에 박힌 생각에서 벗어나 자신의 독특한 견해를 말할 수 있다.

자신이 스스로 생각해서 문제를 해결해야만 자신의 경험이 되고, 평생 자기 것이 될 수 있다. 문제를 제기할 수 있는 아이는 지능이 뛰어난 아이다. 반드시 스스로 생각하는 습관을 길러 아이가 이해할 수 있는 견해와 관점에 대해 맹목적으로 받아들이지 않도록 가르쳐야 한다.

각자의 개성을
존중하라

● 전인교육은 '손과 머리를 사용하는 교육'을 말한다. 흔히 전인교육이라고 하면 과학 실험, 읽고 쓰는 능력 및 음악, 미술, 체육 등 '특기 과목'을 우선 떠올린다. 그런 것만이 아이들의 능력을 가장 직접적으로 개발하는 방법이라고 여기는 듯하다. 그런데 사실 '기계적으로 외울' 필요가 있는 언어, 지리, 정치 등의 과목 역시 전인교육에서 매우 중요한 위치를 차지한다.

중국계 미국인인 아이가 미국 로스앤젤레스의 한 학교에서 초등교육을 받았다. 한번은 역사 수업 시간에 선생님이 역사에 대한 흥미를 자극하기 위해 학생들에게 집에 돌아가 자기 집안의 족보를 만들어오라고 숙제를 내주었다. 이 아이는 중국에 계신 할아버지, 할머니, 외할아버지와 외할머니에게 전화를 걸어 자기 가족의 현황을 파악하여 조금도 소홀함 없이 기록하였고, 마침내 선생님도 깜짝 놀랄 만한 족보를 완성했다.

이 선생님은 또 언어 수업 시간에는 '폭포수가 날듯이 쏟아져 내려와 삼천 척이나 떨어지니, 은하수가 구천 하늘의 제일 높은 곳에서 떨어지는 듯하다'는 뜻을 담은 장면을 학생 스스로 설계하여 체험하도록 했으며, 정치 수업 시간에는 '경제적 원리를 동원하여 내년도 부동산 시장을 예측하시오'와 같이 당시의 사회적 이슈를 가지고 학생들에게 토론하도록 했다.

교육의 핵심은 본질적으로 창의적이어야 한다. 선생님은 학생이 머리를 쓰는 동시에 손을 움직이도록 하는 환경을 만들어야 하며, 학생의 능력을 객관적으로 평가해야 한다.

미국의 인본주의 심리학자 칼 로저스는 '학생 중심'의 교육 철학을 제시했으며, 이러한 철학은 인본주의 심리학의 원리를 충분히 보여주었다. 또한 교사는 학생을 존중하고 이해하며 격려의 방식으로 아이들이 성공의 목적에 도달하도록 해야 한다고 강조했다. 동시에 교사는 학생 개개인에 맞게 교육해야 하며, 순서 없이 단편 일률적으로 처리하려고 해서는 안 된다고 경고했다.

하버드 대학교의 한 공개수업에서 빌 선생님은 가슴에 닭을 한 마리 품고 교실로 들어왔다. 이를 매우 이상하게 여긴 학생들은 모두 선생님을 빤히 바라보았다. 빌 선생님은 닭을 커다란 교탁에 올려놓고 주머니에서 좁쌀을 꺼내 닭 앞에 뿌려주며 쪼아 먹게 했다. 하지만 닭은 놀라 허둥댈 뿐 먹으려 하지 않았다. 빌 선생님은 닭이 먹지 않는 걸 보고는 억지로 닭의 머리를 눌러 좁쌀을 먹게 했다. 그러자 닭이 놀라 소리치며 달아날 뿐 전혀 먹으려 하지 않았다. 선생님이 도대체 무얼 하려는 것인지 알 리가 없는 학생들은 어리둥절했다.

닭이 여전히 먹지 않자 선생님은 두 손으로 닭의 입을 억지로 벌려 좁쌀을 집어넣었다. 닭은 필사적으로 몸부림치면서 죽어도 먹지 않으려 했다. 잠시 후 빌 선생님은 손을 놓고 뒤로 몇 발짝 물러났다. 그러자 닭은 몸의 깃털을 털어내고 안정을 되찾은 후 천천히 좁쌀에 다가가 유유자적하며 부리로 쪼아 먹었다. 이 모습을 보고 빌 선생님은 말했다.

"여러분, 여러분도 보셨죠? 억지로 닭에게 먹이를 먹이려 했을 때 닭은 놀라 도망갔지만, 두 손을 놓자 닭이 스스로 먹이를 먹었습니다. 이것은 하버드가 여러분을 가르치는 방법과 같습니다. 저는 여러분이 어떤 과목을 반드시 들어야 한다고 규정하지 않을 것입니다. 그것은 여러분 스스로의 일이니까요. 하버드는 여러분에게 여유와 자유를 줄 것입니다. 여기에 있는 여러분 모두 여러분의 선배들과 같이 하버드에서 공부하며 찬란한 업적을 만들기를 바랍니다."

순간 교실 안에서는 우레와 같은 박수소리가 울려 퍼졌다.

전인교육은 학생의 개성을 존중하는 것을 전제로 해야 한다. 학생은 학습의 주체자로, 교사는 학생을 적극적으로 격려하여 스스로 자신의 개성을 발휘하도록 흥미를 자극해야 한다. 우리는 손을 움직이며 생각하고, 생각하면서 행동하는 교육 철학을 통해 아이가 자신의 세계를 펼치도록 해야 한다.

하버드인의 교육 비법

● "자신의 흥미를 좇아 정말로 하고 싶은 일을 하는 것이 성공한 인생이다."

● "모든 과학 연구에서 가장 중요한 것은, 연구자가 자신이 진행하는 작업에 대해 흥미를 느끼고 어떠한 강박도 없어야 한다."

● "아이의 잘못에 대해 아이가 직접 그 결과를 체험하게 하고, 함부로 평가하거나 질책하지 말아야 한다. 그러므로 교육자는 자신의 행동에 책임을 져야 할 뿐만 아니라 아이에게 자신의 언행에 대해 책임지도록 가르쳐 새 시대를 이끌어갈 책임감 있는 어른으로 자라도록 해야 할 책임이 있다."

● "성공하고 싶다면 조삼모사와 같은 나쁜 습관을 반드시 극복하여 한 우물만 파야 한다."

재테크 심리학

돈, 쓸수록 늘어나는 수완을 배워보자

돈은 쓸수록 줄어든다. 하지만 쓸수록 많아지기도 한다.
핵심은 돈을 어디에 쓰느냐에 있다.
하버드인은 사람들의 소비 심리를 파악하여
자신의 돈을 쓸수록 늘어나게 한다.

돈이 돈을
벌게 하라

● 많은 사람들이 투자라고 하면 "나는 할 생각이 없다"고 말하거나, "나는 투자할 돈이 없다"고 말한다. 재테크 할 돈이 없으니 투자는 말할 필요도 없다는 것이다. 사실 투자는 부자들만 하는 것이 아니다. 모두가 돈 버는 이치를 깨달을 필요가 있다. 돈이 있고 없음에 따라 계획은 달라지며, 각각의 방법이 있다. 반드시 부자들만 투자하고, 돈이 없으면 투자하지 말라는 법은 없다.

만약 부자만이 투자를 할 수 있고, 투자가 가난한 사람과 아무런 상관이 없다면 맨손으로 시작하여 자수성가한 창업가가 이토록 많을 수는 없을 것이다. 부자가 되는 것은 사실 그렇게 어려운 일이 아니다. 일을 하고 있고, 안정적인 수입이 있다면 얼마 동안 일하여 저축한 돈으로 투자 계획을 세울 수 있다.

그렇다면 투자는 무엇인가? 투자는 현재의 자산을 목적에 따라 쓰는 것이다. 간단히 말하자면 수중에 있는 돈을 전부 은행에 보관하는 것이 아니라 꺼내서 쓰고, 그냥 쓰는 것이 아니라 목적과 가치에 따라 쓰는 것으로, 돈을 씀으로써 돈을 벌어 최대의 이익이 발생하도록 하는 것이다.

나는 사실 투자 개념이 없는 사람에 속한다. 돈은 써야 제맛이라고 생각하는 사람이다. 일을 시작하면서부터 내가 번 돈은 전부 써버렸다. 아무런 계획도, 수익도 없이 전부 다. 사람들이 펀드를 사고 국고채를 사서 몇 년 후 몇 배씩 불릴 때에도 나는 명품 옷과 신발을 샀고, 몇 년 후 낡거나 유행이 지나면 쉽게 버렸다.

사람들은 경제적 가치를 고려하여 우표나 골동품을 모으기도 한다. 하지만 나는 여행을 좋아해 몇 년 동안 국내의 좋은 곳은 다 둘러보았다. 그동안 여행을 하면서 쓴 돈만 해도 수십만 위안은 넘을 것이다. 사람들이 주식을 살 때 나는 그런 걸 사서 뭐 하냐고 했고, 사람들이 부동산에 관심을 가질 때 나는 내 집에서 사는데 뭐가 걱정이냐고 했다. 사람들이 자동차를 사지 않았을 때에도 나는 자가용을 몰았다. 이러한 소비 방식은 겉으론 있어 보일지 몰라도 사실 내실이 없다. 나는 사람들이 돈을 번 것을 보고 나서야 '어떻게 재테크를 해야 부자가 되는 걸까?' 하고 생각하게 되었다.

하버드를 나온 사람 중에는 부자가 많다고 한다. 그 이유는 그들이 명문대를 나와서가 아니라 하버드가 그들의 투자 행동에 대해서도 교육했기 때문이다. 하버드 대학교 경제 과목의 첫 수업에서는 단 두 개의 개념만을 가르친다. 첫째는 돈을 쓰는 것을 '투자' 행위와 '소비' 행위로 구분한다는 것. 둘째는 매달 월급의 30%를 투자를 위해 저축하고 남은 돈을 소비해야 한다는 것. 이 간단한 개념이 하버드인에게 남기는 교훈은 적지 않다.

하버드 대학교를 졸업한 잭은 일을 시작한 지 10년 만에 60만 달러를 저축했다. 집을 한 채 사고 싶은데 사람들은 여행을 다니려면 차부터 사야 한다고 말했다. 잭은 망설였지만 신중하게 생각한 끝에 집을 사기로 결정했다. 집을 사는 것은 소비처럼 보이지만 사실은 일종의 투자 행위다. 돈을 써버리는 게 아니라 집으로 이동시킨 것뿐이며, 마침 부동산 시장의 경기도 좋았다. 반면 자동차를 사는 것은 순수한 소비 행위로 돈을 써버리는 것이다. 가치가 증가하지도 않으며, 지금 산 자동차는 10년 후 한 푼의 가치도 남지 않는다.

3년 후 잭이 산 집의 가치는 90만 달러가 넘었다. 사람들이 그를 부러운 눈초리로 바라볼 때 기회를 봐서 집을 팔았다. 그는 집을 판 돈을 다른 사업에 투자했다. 이런 식으로 잭의 자산은 점점 늘어났고, 그는 부자가 되었다.

하루는 잭이 백화점 앞에서 시가를 피우면서 사람들이 지나가는 모습을 바라보고 있었다. 그때 단정하게 옷을 입은 한 중년 신사가 공손하게 잭에게 물었다.

"시가 향이 아주 좋네요. 비싼 것인가 봅니다."

"네, 한 대에 3달러입니다." 잭은 예의 바르게 대답했다.

"맙소사, 하루에 몇 대나 피우십니까?" 그가 물었다.

"열 대요." 잭이 대답했다.

"그렇게나 많이요? 피우신 지 얼마나 되셨소?" 그가 놀라 물었다.

"40년 전에 이 시가를 피우기 시작했습니다." 잭은 여전히 침착하게 대답했다.

"뭐요? 잘 헤아려보시오. 시가를 피우지 않았다면 그 돈으로 이 백화점도 샀겠소." 중년 신사가 말했다.

"그럼 선생님은 담배를 안 피우십니까?" 잭이 반문했다.

"물론이죠. 저는 돈을 많이 벌지 못합니다. 가족을 부양하기도 빠듯한데 담배 살 돈이 어디 있겠소? 게다가 담배는 건강에도 해롭지 않소?" 그가 대답했다.

"그렇다면 선생께서 이 백화점을 사셨습니까?" 잭이 말했다.

"물론 아니죠. 제가 그럴 돈이 어디 있겠습니까?" 중년 신사는 풀이 죽어 대답했다.

"이 백화점은 바로 제 것입니다." 잭이 말했다.

"말도 안 됩니다." 중년 신사가 놀라 말했다. "어떻게 한 거요?"

그때 잭이 중년 신사의 어깨를 두드리며 의미심장하게 말했다.

"부는 벌어나가는 겁니다. 먹는 거, 입는 걸 아끼기만 한다고 되는 것이 아니라 부자가 되고 싶다면 투자하는 법을 배워야 합니다. 그래야 돈이 돈을 벌고 부가 굴어 들어온답니다. 이것 역시 하버드의 지혜이죠. 현재의 돈을 이용하여 투자하고 목표를 멀리 두면 당신도 인생의 첫 번째 투자 수익을 얻을 수 있을 겁니다."

여기까지 들은 중년 신사는 잭에게 머리 숙여 인사한 후 사라졌다.

이 대화는 그 중년 신사에게 큰 교훈을 주었을 것이다. 심리학자들은 "만약 한 사람이 객관적으로 자신의 부를 지배하고 합리적으로 투자하는 것을 오랫동안 지속한다면 큰 수확을 얻을 것"이라고 조언한다.

사람이 돈을 버는 것은 느리지만 돈이 돈을 버는 것은 빠르다. 돈은 주인에게 자비를 베풀지는 않지만, 능력 있는 종임에는 틀림없다. 현재 가지고 있는 돈을 이용해 합리적으로 계획하고 적절하게 투자하면 수중에 있는 돈은 일당백의 역할을 할 것이다. 일찍 시작할수록 일찍 부자가 된다는 사실을 명심해야 한다.

투자를 하되,
리스크는 최대한 피하라

● 투자하는 사람들의 최종 목적은 단 하나, 많은 수익을
내는 것이다. 안정적인 수익이 보장된 상태에서 더 높은 이윤을 얻는
것은 모두가 추구하는 이상적인 결과다. 잭 마이어는 이 방면에서 본보
기가 되는 인물이라고 말할 만하다.

잭 마이어는 1969년 하버드 대학교 경영 대학원을 졸업한 후 줄곧 월스트리
트에서 투자 업무에 종사했다. 록펠러 재단의 수석 투자자를 맡기도 했고, 뉴욕
시에서 부감사장을 맡기도 했으며, 연금 기금을 책임지기도 했다. 그는 그야말
로 월스트리트의 전설적인 인물이다.

1990년 마이어가 기부금 운용사 하버드매니지먼트컴퍼니(HMC)의 CEO로
임명되었을 때 하버드의 수익률은 중간 정도였다. 1991년 마이어는 투자 전략
을 제정하고 실시하며 이전까지의 전통적인 관리 방식을 대대적으로 개선했

다. 그는 자신의 투자팀을 이끌고 광범위하게 길을 모색하고 여러 곳을 시찰하면서 다원화 투자를 진행했다.

마이어는 하버드 기금의 15%만을 미국 주식 시장에 투자하고, 11%는 국내 채권에 투자하였으며, 나머지는 해외채권, 부동산, 금속광업 등 모두 다른 분야에 투자했다. 그중 마이어가 가장 크게 투자한 부분은 임업이었다. 그가 6억 달러를 들여 뉴질랜드에 있는 약 47만 헥타르의 산림을 구입하면서 하버드는 제지업체를 제외하고 세계에서 가장 큰 산림 소유주가 되었다. 하버드의 안정적인 수입은 대부분 이 사업에서 나온다.

사실 맨 처음에는 마이어의 방식이 논란을 불러일으켰다. 당시 다원화 투자 전략의 투자 회수가 불투명했기 때문이다. 마이어의 투자 계획에 의구심을 품는 사람도 있었지만 마이어는 의지가 굉장히 강한 사람이어서 사람들의 의심에 개의치 않고 어떠한 변명도 하지 않았다. 그는 마음속으로 투자의 성공이 곧 증명될 것이라고 생각했다.

2001년부터 2002년까지 미국 주식 시장이 하락세를 보이면서 나스닥 지수가 한꺼번에 80%나 하락했다. 당시 미국의 주식 시장에 의존했던 많은 투자기관이 참패했지만, 하버드 기금의 총액은 단 3.3%만 하락했다. 이것은 순전히 마이어의 다원화 투자 전략 덕분이었다.

마이어는 하버드에 120억 달러를 벌어다 주었다. 이것은 하버드가 더 많은 돈을 과학 연구 프로젝트에 투자하고, 장학금을 증액할 수 있으며, 인재를 선발하고, 새 기숙사를 건설할 수 있다는 뜻이다. 마이어의 투자 전략은 고액의 소득을 가져왔으며, 안정적인 수익을 실현했고,

투자의 리스크는 최대한 피하여 손실을 최저 수준으로 낮췄다.

　손에 넣게 될지 알 수 없는 폭리를 위해 큰 위험을 무릅쓰지 말아야 한다. 한 투자심리학자는 "성숙한 투자자라면 투자 시장의 리스크를 잘 관찰하고 판단하여 큰 리스크를 최대한 피해야 한다"고 말했다. 그리고 "이렇게 자본의 안정성과 안전성을 확보하여 수익을 내고 신중하게 앞으로 나아가는 것이 부를 실현하는 가장 빠른 방법"이라고 조언했다.

무조건 대세를
따르는 것은 위험하다

● 정보에 대한 이해가 부족하고, 시장의 미래에 많은 불확실성이 존재할 때 흔히 주변 사람들에게서 정보를 얻곤 한다. 이러한 정보는 계속 전달되어 많은 사람들의 정보가 대체로 같아지게 되고, 점차 강화되어 결국 일종의 군중 심리가 나타나게 된다. 그런데 군중 심리에 따라 맹목적으로 행동하면 결국 함정에 빠지거나 실패할 확률이 높아진다. 이러한 군중 심리를 심리학에서는 '양떼 효과'라고 한다.

양떼는 맹목적이면서 불확실한 특징을 가지며, 평소 이리저리 목적 없이 몰려다닌다. 이때 한 마리 양이 어떤 행동을 하면 다른 양들은 아무 생각 없이 몰려든다. 선두 양의 행동 하나하나를 양떼 전체가 끊임없이 모방해, 선두 양이 풀을 뜯어먹으면 나머지 양들도 모두 따라 움직인다. 바로 앞에 자신의 목숨을 노리는 이리가 있는지 없는지, 아니면 멀지 않은 곳에 더 좋은 풀이 있는지 없는지는 전혀 생각하지 않는다.

양떼 효과는 보이지 않는 손에 비유되어 무의식적으로 투자자에게 영향을 미치기도 한다. 그렇다면 어떻게 해야 양떼 효과가 투자에 미치는 영향을 최소화할 수 있을까? 하버드의 한 심리학자는 현명한 조언을 해주었다. 투자하기 전에 자신의 투자 목표, 리스크 감당 능력, 현재 연령대, 건강 상태, 가정 경제 현황 및 현재 시장 환경에 대해 종합적으로 고려해야 한다는 것이다. 투자 과정에서 심리적 영향을 피하고 싶다면 투자자는 자신에 대해 전면적으로 이해해야만 한다. 그래야 최종 목표를 실현할 수 있다.

존의 할아버지와 아버지는 모두 성공한 상인이었다. 집안 분위기에 뼈를 깎는 노력까지 더해 존은 젊었을 때부터 과감하게 생각하고 행동에 옮기는 등 금융에 투자하려는 의지와 모험심이 강했다. 그는 하버드 대학을 졸업한 후 한 상사에서 일하게 되었다.

어느 날 존은 구매 업무를 위해 브라질로 출장을 가게 되었다. 배가 산투스 항에 닿자 존은 배에서 내려 이국의 분위기를 만끽하며 걸었다. 좀 지루해질 즈음 40대 정도로 보이는 남성이 계속 지나가는 사람들에게 말을 거는 모습을 보게 되었다. '뭘 하는 거지?' 호기심이 발동한 존은 그에게 다가갔다.

"안녕하세요? 목화를 사실 건가요?" 그가 물었다.

그는 자신을 미국과 브라질을 오가는 목화 화물 선장이라고 소개했다. 화물 위탁을 받고 브라질에서 특상품의 목화를 운반했는데, 미국의 구매자가 사고로 사망하고 회사도 부도가 나 어쩔 수 없이 자신이 팔게 되었다며 빨리 팔아넘기기 위해 물건 전체를 반값에 판매한다고 했다. 관심이 생긴 존은 그 사람과 간단히 술 한잔을 마신 후 목화를 살펴보았다. 그리고 심사숙고한 끝에 목화를 사기로 결정했다.

존은 사람을 시켜 목화 샘플을 미국으로 보냈고, 친구에게 시장 상황을 파악해달라고 부탁했다. 친구는 가격이 무척 매력적이라 큰 이윤을 낼 가능성은 있지만 그래도 신중하게 행동하라고 조언하며, 배 안에 있는 다른 목화의 품질이 샘플과 같을지도 알 수 없다고 말했다. 하지만 존은 자신의 판단을 믿었고, 이 선장이 신뢰할 만한 사람이라고 생각했다.

결국 존은 모든 목화를 구입하였고, 전보를 쳐서 이를 회사에 알렸다. 사장은 제멋대로 판단한 존을 심하게 질책하며 당장 거래를 그만두라고 명령했다. 그러나 계약금을 이미 넘긴 상태였고, 엎질러진 물이었다. 존은 가족에게 부탁할 수밖에 없었다. 존의 아버지는 조금의 망설임도 없이 아들의 행동을 지지하며 평생 모은 돈으로 존이 유용한 회사의 모든 자금을 갚아주었다. 아버지의 도움으로 존은 선장의 목화를 모두 구입하였고, 선장의 소개로 다른 배의 목화까지 구입했다.

존의 판단은 틀리지 않았다. 배 안에 있던 목화의 품질은 모두 우수했다. 그가 이 목화를 사들이고 얼마 지나지 않아 브라질의 목화는 냉해로 생산이 줄어가격이 서너 배나 올랐다. 존은 출하를 하자마자 큰돈을 벌었다. 이에 아버지는 존을 크게 칭찬했다. 이러한 시장 상황을 보고 어떤 사람들은 깊이 생각하지도 않고 목화 사업에 뛰어들었지만 수익은 미미했다. 심지어 손해를 본 사람도 있었다. 소식을 들은 기자들이 벌떼처럼 모여들어 이구동성으로 물었다. 존이 어떻게 투자를 결정하게 되었는지, 또 어떻게 성공하게 되었는지…….

존은 침착하게 대답했다.

"이것은 하버드가 가르쳐준 교육 덕분입니다. 언젠가 교수님이 이런 말씀을 하신 적이 있습니다. '올바른 마음가짐으로 다른 사람이 제공하는 정보를 대하라. 모두 다 믿지도, 그렇다고 전부 불신하지도 않아야 한다. 자신의 판단과 입장이 확고하면 맹목적으로 휩쓸리지 않는다.' 그 덕분에 다른 사람들이 사기당할 것을 우려할 때 저는 목화 구입에 대해 관심을 가질 수 있었고, 시장 정보도 충분히 이해했기에 스스로 시장을 예측해 대대적으로 투자하기로 결정한 것이었죠. 이런 가르침을 준 하버드에 감사할 뿐입니다."

선풍적인 시장 분위기 속에서 이윤을 얻은 것은 선두 양이었던 존뿐이었다. 나머지는 모두 바람에 휩쓸려 희생자가 되었다.

투자를 할 때 우리는 양떼 효과를 경계해야 한다. 투자 항목을 선택할 때 많은 사람들이 대세에 휩쓸려 스스로 판단하는 능력을 상실하고 만다. 그들은 튀는 것을 싫어하여 일생을 물결치는 대로 흘러가며 자신을 드러내지 않는다.

양떼 효과는 맹목성을 보여준다. 이러한 맹목성은 자신의 판단에 자신감이 없다는 것을 의미한다. 대부분의 사람들이 대세를 따르는 것이 가장 안정적인 선택이라고 생각한다. 설령 운이 따르지 않더라도 혼자가 아니라 여럿이 함께라는 사실에 위안을 삼는다. 그러면서 양떼 효과는 계속 나타난다. 하지만 대세를 따르는 것도 이성적인 판단이 필요하다.

투자는 정확한 판단이 생명이다. 대세를 따르더라도 항상 정신을 바짝 차리고 제대로 살펴본 후에 결정해야 한다. 나를 알고 너를 알며, 덩달아 휩쓸리지 않고 자신이 벌어야 할 돈을 버는 것이 확실한 성공 비결이다.

투자 리스크는
최대한 분산시켜라

● 어떤 투자든 수익과 리스크는 긴밀한 관계에 있다. 리스크가 있어 보이는 상황에서 투자의 수익을 최대한으로 끌어올리거나, 수익이 정해진 상태에서 리스크를 최대한 줄이는 것은 하버드 투자의 기본 전략이다. 이 전략은 '투자의 리스크는 최대한 분산시켜 원금을 보장하고, 수익을 늘려 손실을 줄여야 한다는 것'을 말한다.

하버드의 어느 공개수업에서 한 교수는 다음과 같은 이야기를 들려주었다.

한 회사가 다른 작은 회사를 합병하려고 했다. 그런데 협상이 교착상태에 빠졌다. 합병 회사에서는 협상 진행자로 용모가 변변치 않은 남성이 나섰고, 피합병 회사에서는 미모의 여성이 참석했다. 하루는 이 남성이 현지 관광이나 즐기자며 미모의 여성에게 만남을 청했다. 그들은 한 명품가게에 들렀고, 그녀는 아주 예쁜 팔지를 골랐다. 팔지의 가격은 800달러였다. 남성은 한 치의 망설임도 없이 돈을 지불했다. 그러고 나서 그들은 루이비통 매장에 들렀다. 여기서 남성은 7,600달러짜리 가방을 골라주었다.

돈을 지불할 때 남성은 현금이 부족하다는 것을 깨닫고 수표 뭉치를 꺼내 한 장의 수표에 쿨하게 서명했다. 하지만 그들이 처음 방문한 손님이기 때문에 점원은 난처해했다. 그때 이 남성은 우려하는 바를 알겠다는 듯이 침착하게 점원에게 말했다.

"이 수표가 공수표가 될까봐 걱정하시는군요? 오늘이 토요일이라 은행 문이 닫혀서 현금을 인출할 수가 없어서 그렇습니다. 그럼 이렇게 하죠. 이 수표와 가방을 모두 보관해주세요. 월요일에 수표를 현금으로 바꾼 후에 가방을 이 여성이 묵고 있는 호텔로 보내주세요. 괜찮으시겠어요?"

점원은 이 제안을 받아들이고 그렇게 하겠다고 약속했다. 본인이 직접 일을 처리하고 가방을 보내는 비용도 매장에서 부담하기로 했다.

월요일 아침, 협상이 다시 시작되었다. 양측은 순조롭게 합의에 도달했고 계약서에 서명하고 직인까지 날인했다.

정오가 될 무렵, 협상을 담당하던 여성이 한 통의 전화를 받았다. 전화를 건 사람은 루이비통 매장 직원이었다. 직원은 가방을 포장하려고 하는데 가방 안쪽에서 하자가 발견되었다며, 원칙상 불합격품은 판매할 수 없다고 설명했다. 점원은 양해를 구하며 재차 사과했다. 부득이한 상황이므로 어쩔 도리가 없었다.

우리는 미래의 수익을 기대할 때 커질 수 있는 리스크에 대해서는 경계심을 잃고 만다. 미모의 여성은 월요일까지 기다리면 7,000달러가 넘는 루이비통 가방을 가질 수 있을 것이라고 생각했다. 게다가 이미 팔찌도 받았기 때문에 쉽게 경계심을 늦추었고, 협상은 신속하게 이루어졌다. 이 남성이 투자한 것은 800달러와 한 장의 공수표뿐이었다. 남성은 합병 타결을 위해 800달러를 투자했다. 만약 협상에 실패한다고 해도 지나치게 큰 손실은 아니었다.

어떤 투자는 거대한 불확실성의 리스크가 있는 상황에서 이루어진다. 주식 시장에서 대부분의 주식 투자자는 이 미모의 여성과 같이 한 번의 달콤한 맛으로 코를 꿰어 끌려간다. 그러니 손해를 보는 것이 당연하다. 언론이나 분석 전문가들은 종종 이 루이비통 매장의 직원과 같은 역할을 한다.

그렇다면 우리는 어떻게 투자해야 할까? 하버드의 한 교수는 주식을 예로 투자에서 리스크를 분산하는 방법을 이렇게 알려주었다.

첫째, 한 회사의 주식만 사지 마라. 통계학 연구에 따르면 임의로 여섯 개의 주식을 선택하였을 때 한 개의 주식이 하락하면 나머지는 상승할 가능성이 있는 것으로 밝혀졌다. 리스크를 효과적으로 분산해야 하는 것이다.

둘째, 투자는 한 업종에 집중되지 않아야 한다. 서로 다른 업종에 투자할 필요가 있다.

셋째, 투자를 채권으로 분산하는 것이 좋다. 채권 가격과 주식 가격은 보통 역방향이기 때문이다.

마지막으로 투자를 해외 시장으로도 분산시켜야 한다. 해외 투자는 주식 투자의 리스크를 분산시킬 뿐만 아니라 일부 채권 시장 역시도 홀

류한 리스크 분산 파트너가 된다.

투자는 도박이 아니다. 절대 단기간에 당신을 벼락부자로 만들어주지 않는다. 심리학자들은 "투자로 요행을 바라면 안 된다"고 경고한다. 객관적으로 현실을 응시하고 이성적으로 분석해야지, 전 재산을 걸어 승부를 보려는 어리석은 행동은 피해야 한다. 손해를 볼 확률이 높지 않더라도 최대한 원금은 보전해야 한다. 투자 리스크를 분명히 파악하고 효과적으로 분산하면 편안한 마음으로 최소한의 수익을 기대할 수 있을 것이다.

부를 대하는
올바른 자세

● 어떤 사람은 "돈은 만능인 동시에, 만능이 아니기도 하다. 그것은 화를 불러일으키고 가정을 파괴하며 마침내 그것을 가진 자를 파멸시킨다"고 말한다. 어떤 사람은 "돈은 비료와 같아서 밭에 뿌리지 않으면 아무런 소용이 없다"고 말한다. 또 어떤 사람은 "돈은 물과 같아서 없으면 목말라 죽고, 너무 많으면 물에 빠져 죽을 것이다. 돈은 없어서도 안 되지만 너무 많아도 안 된다"고 말한다. 부는 일종의 삶의 매개물로, 그 가치는 돈으로 표시된다. 그것이 인간의 목숨과 필연적인 인과관계는 없지만, 사람들의 삶과는 매우 밀접한 관계가 있다.

부를 얻는 방법은 두 가지가 있다. 한 가지는 자신의 노력으로 최초의 종자돈을 모으고 투자를 통해 수익을 창출하는 것이다. 각자의 노력 정도가 다르므로 일생 동안 이루는 부의 양도 다르다. 다른 한 가지는 부당한 수단으로 부를 획득하는 것이다. 역사는 권력에 의해 완전히 통제될 수 없다. 손바닥으로 하늘을 가릴 수는 없는 법, 불의한 재물은 얻는 동시에 벽돌 한 장, 한 장을 쌓아올려 자신의 감옥을 짓게 할 것이다.

심리학자들은 투자자들에게 이렇게 경고한다.

"덕(德), 치(恥), 범(范), 이 세 글자를 명심해야 한다. 덕을 잃으면 자존심을 잃는 것이며, 부끄러움을 모르면 스스로를 통제할 수 없을 것이며, 규범을 상실하면 반드시 타락의 길을 걷게 될 것이다!"

부의 문제에 대해 모든 사람들이 정확하게 인식하고, 또 정확하게 인식한 기초 위에서 합리적으로 계획하고 올바로 운용하여 인생을 충실히 살아가길 바란다.

로블스 씨를 처음 만난 건 한 은행에서 실시한 외환 거래 대회의 시상식에서였다. 로블스 씨는 그 대회에서 거래량 3위 안에 든 투자자였다.

누군가 간신히 기회를 얻어 로블스 씨의 투자 경험에 대해 인터뷰를 했다. 그런데 그는 이마를 찌푸리며 "단지 자금이 많았을 뿐입니다. 이제 막 외환 거래 투자를 시작했습니다"라고 말했다.

로블스 씨는 미국의 한 글로벌 기업의 중간 간부였다. 외환 거래에 대한 지식은 별로 없었지만, 줄곧 해외 파견을 나가 있어서 수중에 외화가 많이 있어 친구에게 외환 다루는 법을 배워 은행에서 외환 거래 계좌를 개설한 것이었다.

"외환 거래는 한 종류의 화폐를 사고팔아서 차액을 남기는 거죠."

로블스 씨는 대화 중 이렇게 말했다.

"많은 사람들이 외화로 많은 돈을 버는 것을 보고 저도 그들보다 어리석지는 않으니까 비슷하게는 할 수 있을 것 같았습니다."

하지만 외환 시장은 정치나 경제 등 중대한 요소의 영향을 많이 받는다. 급변하는 정세는 투자자의 투자 능력과 투자 기술을 수시로 시험한다. 그래서 때때로 첫 단추를 잘못 끼우는 일도 발생한다. 로블스 씨도 이러한 상황에 부딪힌 적이 있었다. 외환 거래를 시작한 지 십여 일 만에 적지 않은 금액을 손해 보았던 것이다. 하지만 안타깝게도 그는 이를 교훈으로 받아들이지 못하고 투자를 확대했다.

로블스 씨는 이어서 말했다.

"지인이 증거금 외환 거래로 쉽게 돈을 버는 것을 보고 저도 증거금 거래를 시작했죠. 하지만 레버리지를 높인 증거금 거래는 리스크가 더욱 커질 수밖에 없었습니다. 이러한 리스크는 제가 감당할 수 있는 능력을 훨씬 초과했죠. 때로는 많이 벌기도 했지만 하룻밤에 전부 잃기도 했습니다."

로블스 씨는 한숨을 쉬며 말했다.

"저는 리스크를 최대한 줄이기 위해 거래를 계속할 수밖에 없었습니다. 손해 본 것을 만회하여 조금 벌면 다시 투자하고, 손해를 볼 것 같으면 매수 시보다 가격이 떨어졌어도 곧바로 매도했죠. 제 거래량은 아마 이런 식으로 계속 누적된 것일 겁니다."

외환 거래는 로블스 씨의 심장을 압박했으며 그의 일도 엉망으로 만들었다. 무엇보다 외환 거래는 한밤중에 가장 활발한데, 로블스 씨는 낮에 회사에서 일을 하기 때문에 퇴근 후 한두 시간만 쉬고 곧바로 투자 전투태세로 돌입했다.

"전 요즘 저녁 10시부터 새벽 4시까지 컴퓨터 앞에 앉아 있습니다."

로블스 씨는 힘겹게 말을 이어갔다.

"전 멈추고 싶어요. 하지만 몸이 말을 듣지 않네요."

그는 이미 녹초가 되어 있었고, 가족들에게도 원망을 사고 있었다.

투자로 얻은 부가 삶을 더욱 아름답게 해야겠지만, 로블스 씨의 투자는 오히려 역효과를 냈다. 자신의 일과 휴식을 방해했으며, 가족과의 정상적인 생활에도 영향을 미쳤다. 투자가 로블스 씨에게는 이미 부담이 되었다. 그는 매일 어마어마한 에너지를 쏟았으며, 대부분의 여가시간을 할애했다. 동시에 투자의 고위험성으로 인한 심각한 정신적 스트레스는 그의 투자 심리에도 영향을 미쳐 그는 부를 올바로 상대할 수 없게 되었다. 이러한 압박과 심리 상태 때문에 좋은 투자 기회가 있어도 잡기 힘들었다.

로블스 씨뿐만이 아니다. 다른 사람들도 마찬가지다. 하버드의 한 심리학 교수는 "투자 항목을 선택할 때 제품 자체도 우리가 부를 추구하고 기대하는 심리와 부합해야 하지만, 더욱 중요한 것은 선택한 투자가 반드시 자신이 제어할 수 있는 품목이어야 한다"고 말했다. 여기서 '제어'라는 것은 전문적인 능력, 투자 기술뿐 아니라 투자에 필요한 시간과 노력까지 포함한다. 그러므로 종합적인 평가를 통해 정말로 이러한 요소가 나와 잘 맞는지 확인한 다음 투자 방식을 선택해야 한다. 투입과 산출의 각도에서 올바로 부를 대해야만 생활이 더욱 활력 넘치게 될 것이다.

손해 볼 것 같으면
바로 투자를 멈춰라

● 많은 투자자들이 하루아침에 벼락부자가 되는 것을
목표로 정한다. 그런데 대부분 그 꿈을 이루지 못한다. 투자 세계에서는
투자 원금의 20%를 손해 보았다면 반드시 30%를 벌어야 손해를 보지
않는다는 것이 진리다. 만약 원금의 절반을 잃었다면 100%를 벌어야
원금을 보존할 수 있다. 다시 말해 100달러를 투자해 50달러를 손해 보
았다면 수중의 원금은 50달러뿐이다. 이러한 상황에서 100%의 수익을
내야만 원점으로 돌아가는 것이다. 그러므로 하버드의 투자 철학은 반
드시 자신의 능력을 헤아려 적당한 정도에서 그쳐야 한다고 경고한다.

투자에는 불확실성 요소가 만연해 있다. 누구도 자신의 모든 투자가
정확하다고 장담할 수 없다. 그러므로 손실이 나타나는 것은 불가피하
다. 이때 우리가 명심해야 할 것은 적당한 정도에서 멈추는 것이다. 투
자를 하면서 '적당한 정도에서 멈춘다'는 개념을 이해하지 못한다면 스

스로 시한폭탄을 안고 있는 것과 같다. 이 시한폭탄은 당신의 모든 부를 소멸시킬 것이다. 단지 겁을 주기 위해 하는 말이 아니다. 투자에서 한 번의 큰 손실은 앞선 아흔아홉 번의 이윤을 모조리 소멸시킬 수 있다. 그 이유가 바로 적당한 때에 멈추지 않았기 때문이다.

하버드에는 유용하고도 간단한 거래 법칙이 전해 내려온다. 그것은 '악어의 법칙(alligator principle)'이라고 불린다. 세계적으로 성공한 투자자라면 모두 이 법칙을 뼈저리게 깨달았을 것이다. 투자 세계에서 악어의 법칙은 영향의 광범위함으로 보나, 깊이로 보나 그 어떤 법칙보다도 중요한 위치를 차지한다.

악어의 법칙은 악어가 먹잇감을 삼키는 방식에서 유래했다. 악어가 사냥감을 물면 사냥감은 발버둥을 친다. 사냥감이 발버둥을 칠수록 악어는 더 많은 것을 얻는다. 악어가 당신의 한쪽 다리를 물었다면 악어는 곧바로 다리만 끊어서 먹어치우지 않을 것이다. 악어는 당신이 발버둥치길 기다린다. 당신이 팔뚝으로 악어의 입을 벌려 다리를 빼내려고 하면 악어는 기회를 틈타 당신의 다리와 팔뚝을 물 것이다. 이때 당신이 발버둥 칠수록 더 깊이 빨려들어간다. 만일 악어가 당신의 다리를 물었다면 반드시 기억해야 한다. 당신이 살아남을 수 있는 유일한 방법은 그 한쪽 다리를 희생하는 것뿐이다. 이 법칙이 바로 투자에도 적용된다. 즉, 잘못 판단했다는 것을 알았을 때 즉시 빠져나와야 한다.

손해 볼 기미가 보이기 시작하면 투자를 바로 멈춰야 한다. 핑계나 이유를 찾으며 다른 어떤 행동을 하는 것이 아니라 일단 자신의 마음을 가다듬어야 한다. 이때 가장 중요한 것은 원금을 보존하는 것이며, 손실을 멈추는 것이다. 이것 역시 투자 세계에서 하버드인이 남들보다 더 성공하는 이유다. 그들은 적당한 때에 멈춰 손실을 즉시 최소화한다.

심리학 연구에 따르면 손실이 투자자에게 주는 고통은 같은 금액의 이익을 얻었을 때의 기쁨보다 훨씬 크다고 한다. 그러므로 투자자는 손실을 입었을 때 모든 힘을 다해 만회하려고 하지 말아야 한다. 원금의 손해가 점점 더 커지면 결국 얻는 것보다 잃는 것이 많아질 것이다.

성공적인 투자는 성공적인 판단에서 나온다. 마음을 호수처럼 평온하게 유지하고 적당한 때에 멈춰야 한다. 진흙탕에서 나왔어도 때 묻지 않은 절개를 유지해야 한다. 이렇게 하면 제3자의 심경으로 후방에서 책략을 세울 수 있다. 이성적으로 투자하고 후방에서 책략을 세울 수 있다면 당신은 곧 승자가 될 것이다.

망설이지 말고
투자 기회를 잡아라

● 꼼꼼하게 분석하여 투자의 적기라고 판단되면 기회를 잡아 즉시 투자해야 한다. 더 좋은 기회를 잡으려고 망설이다가는 기회를 놓치고 만다. 투자 기회는 한번 놓치면 다시 잡기 힘들다.

만약 투자가 흥미진진한 게임이라면 미국의 한 백화점 체인 회장인 존 핸디는 최고의 위너다. 그는 일찍이 하버드 대학교를 졸업했다. "어떠한 기회도 포기하지 말라"는 말은 그의 경험에서 나온 말이다.

하루는 존이 버스를 타고 뉴욕으로 가려고 하는데, 마침 휴가철이라 뉴욕으로 휴가를 떠나는 사람들이 너무 많아 차표를 구하기가 힘들었다. 예매를 하지 않았기 때문에 가족들도 그가 잘 다녀올 수 있을지 걱정했다.

존은 수시로 터미널에 전화를 걸어 "오늘 표를 구입할 수 있나요? 내일은요?"라고 물었고, 터미널 직원은 "뉴욕으로 가는 오늘과 내일 표는 모두 매진되었습니다. 3일 후의 표만 예매할 수 있습니다. 급하시면 터미널에 나와서 기다려보세요. 막판에 환불하는 승객도 있으니까요. 하지만 만분의 일에 가까운 기회랍니다"라고 대답했다. 존은 마치 표를 구입한 사람처럼 가방을 들고 터미널로 갈 채비를 했다.

"환불하는 사람이 없으면 어쩌려고 가요?" 아내가 걱정하며 물었다.

"상관없소. 가방 들고 산책한 셈 치죠. 환불하는 사람이 없으면 그냥 돌아오면 되는 거요." 그가 대답했다.

존이 터미널에서 한참을 기다리는 동안 버스는 계속 출발했다. 역시나 아무도 환불하는 사람이 없었다. 그러다 한밤중이 되었다. 하지만 그는 그냥 돌아가지 않고 인내심을 가지고 기다렸다. 이제 막차가 막 출발하려고 할 때였다. 한 중년 남성이 급하게 오더니 환불을 했다. 그는 모친의 병환이 위중하여 여행을 취소하고 표를 환불하려는 것이었다. 덕분에 존은 표를 사서 뉴욕으로 가는 막차에 올랐다. 그는 뉴욕에 도착해 아내에게 전화를 걸었다.

"여보, 내가 만분의 일의 기회를 잡았소. 손해를 두려워하지 않는 바보가 진정으로 똑똑한 사람임을 믿었기 때문이오."

그때부터 "어떠한 기회도 포기하지 말라"가 존 헨디의 인생 신조가 되었다. 그는 그렇게 말하고, 그렇게 행동했다. 덕분에 투자 사업을 성공적으로 일구었다.

어느 해인가 미국의 경제가 위축되어 많은 공장과 상점이 문을 닫았다. 사람들은 부득이하게 쌓여 있는 재고를 염가에 팔아치웠다. 심지어 단돈 1달러에 100켤레의 양말을 살 수도 있었다. 당시 존은 한 회사의 평범한 직원이어서 수입이 그다지 많지 않았지만 몇 년간 저축한 돈으로 이 저가의 상품을 대량으로 구매했다. 주위 사람들은 이런 그의 행동을 보고 어리석다고 비웃었다. 하지만 그는 아랑곳하지 않고 자기만의 방식대로 여러 공장에서 염가의 제품을 구매했다. 그리고 그 물건을 저장할 수 있는 큰 창고를 임시로 임대했다.

수년간 모은 저축액을 거의 다 써버렸으니 손해라도 보면 결과는 참담할 것이 뻔했다. 아내는 더 이상 물건을 사지 말라고 말렸다. 걱정하는 아내를 그는 웃으며 위로했다.

"걱정 말아요. 곧 이 염가의 제품이 우리를 부자로 만들어줄 테니."

이 말은 너무나 터무니없었다. 며칠이 지나자 그 공장의 염가 상품을 사는 사람이 없었다. 많은 사람들이 팔지 못한 상품을 태워 시장의 물가를 안정시키려고 했다. 다른 사람들이 상품을 불태우는 것을 보자 아내는 심장이 타들어가는 것 같았다. 하지만 존 헨디는 매우 침착해 보였다.

마침내 정부가 비상조치를 내려 물가를 안정시키고 공장의 재가동을 대대적으로 지원했다. 이때 그는 보관했던 상품을 팔기 시작했다. 아내는 말했다.

"물가가 이제 오르고 있는데 급하게 팔아치울 필요가 뭐 있겠어요?"

하지만 존 헨디는 조용히 이야기했다.

"지금이 바로 팔아야 할 때요. 지금 팔지 않으면 기회를 놓치고 말 거요."

역시나 존의 재고가 다 팔리자 물가는 다시 하락했다. 아내는 남편의 선견지명에 탄복했다. 존 헨디는 이렇게 모은 종자돈으로 다섯 개의 백화점을 세웠으며, 매출도 매우 양호했다.

존 헨디는 지금 미국 전역에 상당한 영향력을 미치고 있는 상업의 대가다. 많은 사람들이 그에게 편지를 써서 투자의 성공 비결을 물었다.

그중에는 노동자도 있고, 농민도 있었으며, 학생도 있었다. 그리고 현재 노력 중인 상인들도 있었다. 존 헨디는 모든 편지를 진지하게 읽었다. 그리고 그중 한 고등학생에게 이렇게 답장을 써서 보냈다.

"하버드에는 이런 말이 있네. '투자는 100분의 1의 기회를 잡는 것이며, 100분의 100의 노력을 하는 것이다. 기회를 현실로 바꾸는 부로 인해 당신은 예상치 못한 성공을 얻게 될 것이다.' 이것이 바로 내 투자의 비결일세. 또한 나는 맑은 머리를 유지해 시장에 대한 통찰력을 갖도록 노력하고, 이성적으로 시장의 미래 가치를 평가한다네. 자네는 아직 학생이니 열심히 공부해서 하버드에 간다면 평생토록 이익을 누리게 될 걸세."

투자를 통해 수익을 얻으려고 무모하게 뛰어든다면 얻는 것은 미미할 것이다. "어떠한 기회도 포기하지 말라"는 신조가 존 헨디의 성공 인생을 만들었으며, 그 주변 사람들에게도 영향을 미쳤다. 심리학자들은 "기회를 잡는 사람은 눈앞의 득실에 연연해하지 않는다"고 말하며, "멀리 바라보고 꾸준히 행동에 옮기면 성공할 수 있다"고 조언한다.

미국에는 "실패로 가는 길에는 곳곳에 놓친 기회가 있다. 앞에서 앉아 행운을 기다리는 사람은 뒷문으로 들어오는 기회를 놓친다"는 속담이 있다. 우둔한 자는 기회를 놓치고 현명한 자는 기회를 잡지만, 성공한 자는 기회를 만든다. 투자에서 기회를 잡아 망설이지 않고 행동에 옮기면 언젠가 당신도 백만장자가 될 것이다.

최선을 다하는 것만으로는
부족하다

● 누구나 성공한 인생을 기대한다. 하지만 일은 원하는 대로 돌아가지 않고, 목표를 실현하기 위해 아무리 노력해도 돌연 성공이 멀어지기도 한다. 왜 그럴까?

하버드 대학교에는 이런 의미심장한 우화가 전해진다.

돈을 벌고 싶어 안달이 난 사람이 있었다. 하지만 노력은 하지 않고 그저 벼락부자가 되기만을 꿈꾸었다. 하루는 근처 산에 보물이 숨겨져 있다는 이야기를 듣고 보물을 찾으러 나섰다가 마침 하느님을 만나 이렇게 물었다.

"제가 어떻게 해야 보물을 찾을 수 있겠습니까?"

하느님이 말씀하셨다. "남쪽으로 가거라."

그는 곧 보물을 손에 넣을 수 있을 거란 생각에 한껏 들떠 남쪽으로 달려갔다. 그런데 생각지 못한 난관에 부딪혔다. 산길이 매우 험해 지친 그는 한 발짝도 움직일 수 없었다. 그래서 바닥에 주저앉았는데 끈적끈적하고 거무스름한 곳에 앉아 옷이 더러워졌다. 일어나서 주변을 둘러보았지만 보물이 숨겨진 흔적이 없어 하느님의 말씀을 잘못 이해한 것이 아닌가 싶었다. 그래서 원래의 자리로 돌아가 하느님에게 보물이 어디에 있는지 다시 물었다.

하느님이 말씀하셨다. "남쪽으로 가거라."

별로 내키지는 않았지만 반신반의하며 다시 돌아왔던 곳으로 되돌아갔다. 하지만 여전히 무더기로 쌓인 거뭇거뭇한 것만 보였다. 그래서 그는 다시 돌아와 화를 내며 하느님에게 따졌다.

"도대체 보물이 어디에 숨겨져 있다는 겁니까? 왜 자꾸 남쪽으로 가라고만 하십니까? 벌써 두 번이나 다녀와서 힘들어 죽겠다고요. 보물이 숨겨진 곳이 어딘지 구체적으로 알려주십시오!"

그러자 하느님이 말씀하셨다. "보물은 네가 방금 본 그 검은 물체에 있다."

그 말을 듣고 그는 이미 두 번이나 갔었던 그 장소로 다시 달려갔다. 그런데 누군가 이미 그곳에 엎드려 검은 물체를 쥐고 기뻐하고 있었다. 알고 보니 그것은 석유였다. 그곳의 지하에는 엄청난 양의 석유 자원이 매장되어 있었다.

전 세계에 보물이 없는 곳은 없다. 그런데 예리한 눈을 가지지 못했다면 당신이 서 있는 바로 그곳에 보물이 묻혀 있다고 하더라도 발견할 수 없을 것이다. 심리학자들은 "성공을 추구하는 길에서 무조건 고개를 숙이고 일만 할 게 아니라 틈틈이 탐색하고 발견할 줄 알아야 한다"고 조언한다. 그러면 현실에 맞게 자신의 생각을 바꾸고, 시장의 상황을 관찰하며 기회를 발견하고 그것을 잡아 그토록 원하는 성공을 얻을 수 있다.

미국의 플로리다 주에 사는 가슴은 하버드 대학교를 졸업한 후 창업을 결심했다. 처음에는 채소 장사를 시작했다. 열심히 했지만 경험이 부족한 탓에 이윤이 많이 남지 않았다. 더군다나 날씨가 좋지 않은 날에는 채소를 사러 오는 사람이 없었고, 다음 날이 되면 채소는 시들어 싼 가격에 팔 수밖에 없으니 손해를 보게 되었다. 그런 탓에 그는 계속 장사를 이어나갈 자신감을 잃고 말았다.

그러던 어느 날 고객과 이야기를 나누다 좋은 기회를 발견했다. 하루는 한 40대의 중년 여성이 채소를 사러 왔는데 토마토를 고르며 혼잣말로 "꼭 필요한 채소를 화분에 심으면 얼마나 좋을까?"라고 하는 것이었다. 이를 이상하게 여긴 그가 물었다.

"손님, 왜 그렇게 생각하세요?"

그러자 손님이 말했다.

"매일 요리를 하는데 이런 토마토는 많이 필요하지가 않아요. 하지만 또 없어서는 안 되죠. 많이 사면 다 먹지 못하고 남은 건 쉽게 상하니까 토마토 몇 개를 사러 매일 시장에 나와야 하니 귀찮죠."

이 대화가 다른 사람에게는 아무 의미 없이 들렸을지도 모른다. 하지만 가슴에게는 달랐다. 그는 곧 시장조사를 하기 시작했다. 조사 결과를 본 가슴은 기쁨을 감출 수 없었다. 알고 보니 이렇게 생각하는 사람이 적지 않았다. 단지 어떻게 구매해야 할지 몰랐을 뿐이었다. 가만 보니 아주 큰 시장을 형성할 수 있을 것 같았다. 그는 당장 실행에 옮겼다. 먼저 채소밭을 임대하고 씨앗을 샀다. 그리고 채소 재배와 분재에 관한 다양한 도서를 구입해 연구하면서 채소를 길러보았다.

4개월의 노력 끝에 처음으로 화분에 심은 토마토를 출하했다. 싱싱한 초록

잎에 빨간 열매가 열리자 보기도 좋고 맛도 좋아 큰 인기를 끌었다. 화분에 심은 토마토는 금세 다 팔렸다. 이 시도로 그는 큰돈을 벌었다. 가슴은 이 돈을 전부 생산에 투자해 화분에 심은 고추, 오이 등 다양한 채소를 개발했고, 이 '실내 텃밭'은 시장에서 선풍적인 인기를 끌었다.

그의 실내 텃밭은 현지에서 유명세를 탔다. 그는 번화가로 나가 점포를 임대해 전문적으로 이 상품을 팔기 시작했으며, 몇몇 도매상과 장기 공급 계약도 맺었다. 훗날 그는 자신의 실내 텃밭 기지를 만들었고, 전국에 수십 개의 체인점을 열어 큰 성공을 거두었다.

한 심리학자는 이런 말을 했다.

"열심히 노력하다가 방향을 잃었을 때에는 진지하게 생각해야 한다. 아무런 목적 없이 노력만 하는 것은 바람직하지 않다."

하버드인 가슴의 성공은 우리에게 이렇게 말한다.

"사업을 발전시키기 위해서는 최선을 다하는 마음도 중요하지만, 기회를 발견하고 쟁취하는 것도 중요하다. 기회를 잡고 진지하게 생각하며 열심히 노력한다면 우리는 반드시 성공할 수 있다."

나만의 특별한
브랜드를 만들어라

● 브랜드는 중요한 역할을 한다. 브랜드는 믿을 만한 상품의 공정한 가격을 상징하며, 품질을 보장한다. 성공한 브랜드는 모나리자의 미소처럼 누구나 그 매력을 느낄 수 있지만, 분명하게 구분해내는 사람은 많지 않다.

하버드 대학교 심리학과에서는 브랜드가 그 브랜드의 창시자나 사용자의 신분, 지위, 개성 등을 드러낸다는 사실을 연구했다. 자신의 브랜드를 갖는 것은 성공의 자산을 갖는 것이며, 이것은 브랜드가 시장 경쟁에서 시종 불패의 지위를 얻게 해준다는 것을 의미한다.

코카콜라를 모르는 사람은 없다. 이 전형적인 미국 음료는 현재 미국만의 브랜드가 아니라 세계적인 브랜드가 되었다. 그리고 이미 미국 문화의 상징이 되었다. 이 특별할 것 없는 음료는 모든 가정에 들어가 있고 동양, 서양 할 것 없이 아시아, 유럽, 아프리카까지 세계 어느 곳에서

나 똑같은 맛의 코카콜라를 마실 수 있다.

사람들이 코카콜라를 마시는 이유는 갈증을 해소하기 위해서만이 아니다. 의식적으로든 무의식적으로든, 미국의 문화를 즐기며 어떤 문화의 심리적 체험을 한다는 것이 중요하다. 브랜드는 사람의 마음속에 자리를 잡는다. 중요한 것은 브랜드의 충성도다. 브랜드의 충성도를 형성하는 원인은 다양하지만, 시장의 관점에서 본다면 소비자의 구매 누적이 주요한 원인이다. 소비자가 이 브랜드를 기억에 새기고 있으며, 같은 종류의 제품 중 우선적으로 선택하는 것이다. 아마 소비자가 그 브랜드에 대해 최고의 품질이나 특별한 의미를 부여한 것일 수 있다. 다시 말해 브랜드 충성도가 반영하는 것은 소비자가 브랜드를 대하는 심리다.

브랜드 충성도가 상대적으로 높다면 소비자가 어떤 상품을 필요로 할 때 맨 처음 그 브랜드를 떠올리며 구매할 것이다. 브랜드 충성도가 높다고 해서 소비자가 언제나 이 브랜드만을 고집한다고 단정할 수는 없지만 같은 종류의 제품 구매를 고려할 때 최소 이 브랜드는 잠재적으로 선택받을 가능성이 높다. 수많은 콜라 중에서 코카콜라가 음료를 구입하려는 사람들에게 첫 번째로 선택받는 것처럼 말이다.

코카콜라의 회장은 "코카콜라 공장에 큰 불이 나거나 세계 금융 위기의 영향을 받더라도 코카콜라의 배합법만 가지고 있으면 곧바로 공장을 다시 지을 수 있고 재기할 수 있다"고 여러 차례 이야기했다. 그는 왜 이런 이야기를 했을까? 허풍을 떤 걸까, 아니면 그렇게 많은 자산이 있는 걸까? 둘 다 아니다. 바로 '코카콜라'라는 브랜드를 가지고 있기 때문이다.

글로벌 브랜드 리서치 기관인 월드 브랜드 랩은 2007년 코카콜라 브랜드의 가치를 500억 달러로 평가했다. 그 브랜드의 영향력이 재난 후 재건 공사를 실시할 만큼 충분하다는 것이다. 성공을 갈망하는 사람이라면 어떤 일에 종사하더라도 자신만의 독특한 브랜드를 형성하려는 마음을 가져야 한다. 코카콜라 회사의 성공 비밀, 세계적으로 알려진 유명한 기업의 성공 비결이 여기에 있다.

코카콜라와 같은 회사는 브랜드의 창시자이자 업계에서 제품의 좋고 나쁨을 판단하는 기준이 된다. 이것 역시 세계에 제2의 코카콜라, 제2의 마이크로소프트, 제2의 모빌사가 없는 이유다. 많은 유명 기업들이 브랜드를 내걸고 전 세계를 휩쓸고 큰 이윤을 벌어들이며 부를 얻고 세계의 존중을 받는다.

성공한 브랜드는 우연히 생기지 않는다. 쉽사리 얻을 수 있는 것은 더더욱 아니다. 심리학자들은 "한 브랜드의 성공 여부는 창시자의 사고와 마음가짐에 달려 있다"고 말한다. 자신의 브랜드를 만드는 것은 대기업만이 누리는 특권이 아니다. 또한 핵심 기술자의 특허품도 아니다. 그것은 성장 과정에 있는 기업이 신속하게 경험을 쌓고 경쟁에서 벗어나 빠른 성장을 실현할 수 있는 방법이다. 그리고 세계 일류 브랜드를 만들기 위해 반드시 거쳐야 할 길이다.

하버드인의 재테크 비법

● 양떼 효과

투자를 할 때 잘 모르고 불안하면 흔히 주변 사람들에게서 정보를 얻는다. 이러한 정보는 계속 전달되어 많은 사람들의 정보가 거의 같아지게 되고, 점차 강화되어 결국 일종의 군중 심리가 나타난다. 이러한 군중 심리를 심리학에서는 '양떼 효과'라고 한다. 투자 항목을 선택할 때 많은 사람들이 대세에 휩쓸려 따라 하곤 하는데, 투자를 할 때에는 양떼 효과를 경계해야 한다. 주변 분위기에 휩쓸리지 않고 중심을 잡고 투자하는 것이 확실한 성공 비결이다.

● 악어의 법칙

악어가 사냥감을 물면 사냥감은 발버둥을 친다. 그런데 발버둥 치면 칠수록 더 깊이 빨려들어간다. 만일 악어가 당신의 다리를 물었다면 살아남을 수 있는 유일한 방법은 그 다리를 희생하는 것뿐이다. 이 법칙이 바로 투자에도 적용된다. 손해 볼 기미가 보이기 시작하면 미련 없이 투자를 바로 멈춰야 한다.

성공이 보이는 심리학

1판 1쇄 발행 2020년 6월 5일
1판 2쇄 발행 2020년 8월 21일

지은이 리잉
옮긴이 고보혜
펴낸이 여종욱

책임편집 권영선
디 자 인 다성

펴낸곳 도서출판 이터
등 록 2016년 11월 8일 제2016-000148호
주 소 인천시 중구 은하수로229 영종 한신더휴 스카이파크
전 화 032-746-7213 **팩 스** 032-751-7214 **이메일** nuri7213@nate.com

한국어 판권 ⓒ 이터, 2020, Printed in Korea.

ISBN 979-11-89436-14-8 (03190)

이 도서의 국립중앙도서관 출판시도서목록(CIP)은 e-CIP 홈페이지
(http://www.nl.go.kr/cip.php)에서 이용하실 수 있습니다. (CIP제어번호:CIP2020016661)

값은 뒤표지에 있습니다.
잘못 만들어진 책은 구입처에서 교환해 드립니다.

〈성공이 보이는 심리학〉은 〈하버드 심리 수업〉의 개정판 입니다.